事業承継対策
対策
提案シート集

辻・本郷税理士法人　著

銀行研修社

は　し　が　き

　最近、中堅・中小企業の経営者から、「事業承継がうまく進まない」という声が多く聞かれます。その理由を挙げると、後継者の力量に不安がある、子供が事業を継ぎたがらない、経営者自身も健康でありまだ現役として経営に携わりたい、相続税などの税金も高いしどう手を付けてよいか分からない、等の声があるようです。

　事業の承継は、よくリレーゾーンにおけるバトンタッチに譬えられます。決められたリレーゾーンの中で、早すぎず遅すぎず、決められた後継者にバトンを渡さなければなりません。経営者が猛スピードでリレーゾーンを駆け抜けるとバトンを渡し損ね、一方、立ち止まって渡すと競争に負けてしまいます。経営者と後継者が息を合わせ、ちょうど良いタイミングでバトンを渡すことが求められるのです。

　後継者は、もちろん、子供や親族だけとは限りません。非同族の役員であったり（MBO）、第三者であったり（M＆A）、また事業承継ファンド等の力を借りてスムーズな事業承継を計画することもあります。

　具体的に事業承継を考える上で、次の5つのポイントがあると言われます。

　①後継者の選択

　「誰に会社を継がせるのか？」後継者を決めなければ、事業承継をスタートすることはできません。よく、親族内承継・親族外承継・M＆Aと分類されますが、その際の資金調達だけでなく、各種のアドバイザーとして、金融機関の力が必要とされることが多くあります。

　②経営権対策

　後継者が事業を引継ぎ、安定的に経営を行うためには、後継者に自社株や事業用資産を集中的に承継させる必要があります。特に、自社株を安定的に保有することは、経営権（議決権）の行使の上で必須であるといえます。創業オーナーと比べて、議決権を保持することは、二代目以降の経営者にとって重要なポイントになると言えます。また、一般に業歴がある企業ほど、自社株が多くの親族や友人・知人等の間で分散し、その集約に苦労するケースも多く見られます。

　③株価・相続税

　自社株の評価額が高い場合、後継者は多額の相続税・贈与税を負担することになります。将来の相続等に備え、自社株や事業用資産にかかる相続税等の税負担をいかにして軽減するのかが、事業承継を考える上での大きなポイントになります。

　④納税資金

　一般に、中堅・中小企業のオーナーの財産構成は、自社株と事業用資産が大半を占めており、これらは換金性がないため、どのように相続税等の納税資金を捻出するかがポイントになります。また、例えば後継者以外にも子供がいる場合、その非後継者に承継する資

産（金融資産など）への配慮も必要なため、あらかじめ、納税資金の手当てについても慎重に計画を立てておく必要があります。

⑤争族対策

自社株や事業用資産の価値は大きいものとなるため、万一の場合、相続人間の公平の観点から、これらの資産を後継者に相続させることができないケースが生じます。事業承継を進めることにより、それが"争族"に発展することのないよう、後継者ではない子供の遺留分を侵害しないように配慮をした遺言を作成するなど、後日の親族間における財産争いが生じないように準備しておくことがポイントになります。

以上5つのポイントに対し、今後、金融機関の果たすべき役割は、非常に大きくなると考えられます。金融庁においても、「金融仲介機能のベンチマーク（選択ベンチマーク）」の中で「事業承継支援先数」を取り上げ、金融機関による事業承継支援も活発化しそうです。

具体的に、金融機関における営業の観点からは、この事業承継というテーマについて、次の特徴があると考えられます。

①債権保全の立場

債務者（企業）におけるスムーズな事業承継と後継者における安定した経営権（議決権）の確保は、債権保全の観点から、金融機関にとって根本的な課題となります。

②事業承継資金の融資

有利な事業承継対策を進める中で、様々な場面で企業において資金需要が生じます。この場合、事業承継資金として融資した金額は、一般に、その企業の将来におけるキャッシュフローを裏付けとして返済を受けるものとなります。事業承継後も、長年にわたりその企業と口座を持つことになり、関係強化の点からも大きなポイントになります。

③その他金融機関ビジネス

例えば、後継者不在の企業にM＆Aを勧める、事業承継対策の過程で金融商品等を斡旋する、といったように、事業承継を切り口として関与することにより、金融機関の周辺的なビジネスに直結するケースが多く見受けられます。

④企業トップとの面談

事業承継がテーマとなる場合、基本的には、企業の経営者本人と面談を進めることになります。また、自社株や事業用資産のみならず、その他のオーナー家の財産全般に話が及ぶこともあり、企業・個人の全体に及ぶ囲い込みを期待することも可能です。

以上のように、「事業承継対策提案」というサービスは、対象企業のニーズに合致するというだけでなく、金融機関の収益性維持・向上にも寄与するものと考えられ、多くの営業店担当者にとって重要性の増す業務となっています。そうしたことから、本書はこの「事業承継対策提案」をスムーズに行うためのツールとしてお役立ていただけるよう、刊行するものです。

具体的には、事業承継の課題を抱える、もしくは、抱えているのではないかと想定される取引先に対して何らかのアクションを起こそうと考えた場合に、本書に掲載されている

テーマの中から取引先の課題に合致するものを選び取り、コピーするなどして、取引先の社長等にお渡しいただく、というような使い方を想定しています。そのため、本来、書籍や雑誌の内容を無断でコピーし業務で使用すると著作権法に抵触しますが、本書は複写機によるコピーに限り、その行為を許諾しています。まさに「使用する」ための本ですので、ぜひ、積極的な提案活動につなげていただきたいと思います。

　本書が読者諸兄のさまざまな外訪・提案活動によりいっそう役立つことがあれば、これに勝る喜びはありません。

2018年4月

辻・本郷 税理士法人

◈本シートの活用方法◈

１．シートの選び方

　お客さまのニーズを察知して、事前に当該シートを携帯する積極的な活用法が喜ばれます。また、お客さまの相談にその都度、当該シートを活用することも有効です。

２．シートの提供方法

　本シートはケースごとに見開き（2ページ原則）として構成していますので、店内備付の複写機にB4判コピー（週刊誌の2倍）で複写してお客さまに差しあげてください。

３．店内勉強会の教材

　あらかじめ参加人員にコピーを手渡し、店内の勉強会に利用されますと、他の書籍や通信教育のテキストにない効果があります。

４．コピーの許諾

　書籍や雑誌の内容を無断でコピーし業務上使用しますと著作権法に抵触しますが、本シートは複写機によるコピーに限り、その行為を許諾するものです。

　各シートの文末には金融機関・支店名を押印する欄がありますので、シートに押印しておきますとコピーの複写には必ず印刷されますのでPRに役立ちます。

　ゴム印の大きさは次のサイズがシートの活字と最もバランスがとれますので、発注の際にご指定ください。

（16ポイント活字使用）　　　　　　（8ポイント活字使用）

〇〇銀行〇〇支店　　　　　TEL 〇〇〇－〇〇〇〇

目　　　次

第1章　事業承継の流れと重要ポイント ―――――――――

1．事業承継の概要

1 事業承継計画の作成 ………………………………………… 12
3つのプロセスに従って作成するのが効果的

2 事業承継フローチャート ………………………………… 14
円滑な事業承継は計画性が重要

3 親族内承継・親族外承継・M＆Aの選択 ……………… 16
事業承継プランのメリット・デメリットを踏まえた選択を

4 後継者への自社株式の引継ぎ …………………………… 18
株式の引継ぎプランが事業承継の最重要事項

2．大きな課題となる「人（経営）の承継」

5 人（経営）の承継の現実と対策の概要 ………………… 20
現経営者と後継者で事業を「見える化」し相互理解を進める

6 人（経営）の承継スケジュール ………………………… 24
人（経営）の承継には5〜10年かかる

7 後継者の選定 ……………………………………………… 26
資質・能力の備わった後継者の確保に向けた対策が重要

8 後継者の育成 ……………………………………………… 28
後継者の育成はどう考える？

9 人（経営）の承継プランの課題 ………………………… 30
経営者に求められる素養を後継者に習得させる着眼点

10 中期経営計画の意義・作成方法 ………………………… 32
中期経営計画の策定・遂行で人（経営）の承継は完了

第2章　事業承継提案事例 ―――――――――――――

1．承継後の経営安定対策

11 持株会社を活用した事業承継 …………………………… 38
株価対策後に売却することが効果的

12 種類株式を活用した事業承継 …………………………… 40
種類株式の導入で経営権と財産権をコントロール

13 信託を活用した事業承継 ………………………………… 42
自己信託の活用

14 会社分割による事業承継〜兄弟2人に分割して相続させる〜 …………… 44
完全な別会社としてのスタートが可能

2．自社株対策

（1）株価対策

15 役員退職金を活用した事業承継 ……………………………… 46
退職金額を決定し、資金調達方法を検討

16 設備投資減税（中小企業経営強化税制）を活用した事業承継 ……… 48
設備投資額を全額費用計上して、株価を引下げ

17 従業員持株会を活用した事業承継 …………………………… 50
従業員持株会により自社株式の相続税評価額を下げる

18 一般社団法人を活用した事業承継 …………………………… 52
持株会社として活用することで事業承継対策として有効

19 組織再編（合併等）を活用した事業承継 …………………… 54
合併により会社規模を拡大し株価引下げ

20 中小企業投資育成を活用した事業承継 ……………………… 56
評価額が下がる第三者割当増資

（2）納税資金対策

21 金庫株を活用した事業承継 …………………………………… 58
相続人からの株式買取資金の調達方法を事前に検討しておく

22 納税猶予制度を活用した事業承継 …………………………… 60
納税猶予制度の活用で事業承継の資金面の課題をクリア

23 新事業承継税制の概要（2018年度税制改正）……………… 62
新制度のメリットを活かせるかの判断が重要

24 納税猶予制度活用のポイント ………………………………… 66
株価対策等との組み合わせが重要

25 事業承継ファンドを活用した事業承継 ……………………… 68
後継者の株式取得資金不足を解消

26 資産管理会社を活用した事業承継 …………………………… 70
不動産のキャッシュ化で納税資金を確保

27 医療法人における事業承継 …………………………………… 72
医療法人における出資持分対策

3．争族対策

28 保険を活用した事業承継 ……………………………………… 76
受取保険金は3つの目的に活用可能

29 定款変更を活用した事業承継 ………………………………… 78
安定経営には自社株の集中・分散防止が重要

30 民法特例（除外合意等）を活用した事業承継 ……………… 80
経営承継円滑化法の活用

31 事業承継に絡むトラブル防止のための遺言活用 …………… 82
遺言書を作成して後継者に自社株を承継する

4．ＭＢＯ・Ｍ＆Ａの活用

32 ＭＢＯを活用した事業承継 ……………………………………… 84
事業を熟知した経営陣に事業を承継

33 Ｍ＆Ａを活用した事業承継 ……………………………………… 86
Ｍ＆Ａによる親族外承継

5．分散株式の集約

34 分散株式の集約 ……………………………………………………… 88
分散株式の集約は早期の対策が有効

第3章　事業承継対策提案で参考となる基本情報 ─────────

35 非上場株式の評価方法 …………………………………………… 92
36 同族株主判定 ……………………………………………………… 94
37 会社規模の判定 …………………………………………………… 96
38 特定会社判定 ……………………………………………………… 98
39 類似業種比準価額の計算 ………………………………………… 100
40 純資産価額の計算 ………………………………………………… 102
41 配当還元価額の計算 ……………………………………………… 104
42 相続税の納税猶予制度 …………………………………………… 108
43 贈与税の納税猶予制度 …………………………………………… 110
44 相続税・贈与税の納税猶予制度のメリット・デメリット …… 112
45 非上場株式の適正時価 …………………………………………… 114
46 名義株の留意点 …………………………………………………… 116
47 相続税の計算のしくみ …………………………………………… 118
48 相続税の速算表・早見表 ………………………………………… 120
49 贈与税の計算と税率 ……………………………………………… 122
50 贈与税の速算表・早見表 ………………………………………… 124
51 所得税・住民税の速算表 ………………………………………… 126
52 株価評価のための収集資料一覧 ………………………………… 128
53 株式譲渡契約書 …………………………………………………… 130
54 株式贈与契約書 …………………………………………………… 132
55 株式譲渡承認申請関係書類 ……………………………………… 134
56 従業員持株会規約 ………………………………………………… 138
57 持株会社設立スケジュール ……………………………………… 142
58 株式譲渡・贈与スケジュール …………………………………… 146
59 合併スケジュール ………………………………………………… 148

事業承継対策フローチャート

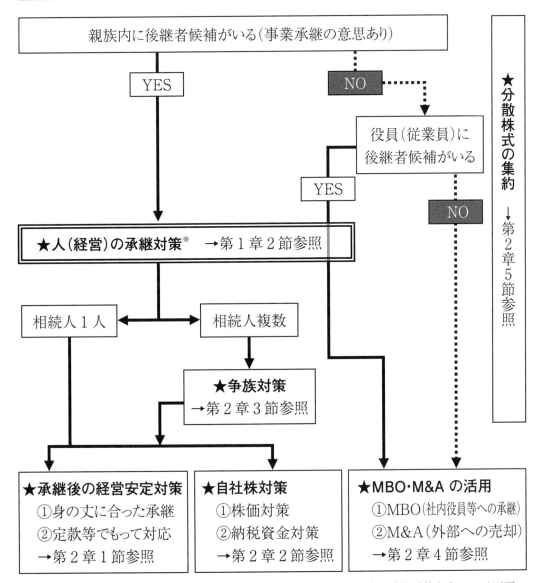

※後継者が決定し経営ノウハウの習得も十分できている場合は「人(経営)の承継対策」プロセスは不要

具体的な対策手法とその該当頁については、次頁以降を参照してください。

前頁のフローチャートに示した事業承継のパターン別の対策手法として、以下のような方法があります。

主な対策内容	関連項目
★人（経営）の承継対策 ・事業承継において最も重要かつ取組みが難しい部分です。いくら立派な資産承継（税金対策）プランがまとまっていたとしても、立派な後継者がいなければ（後継者がいても、その素養を高めることができなければ）、事業承継はできませんので、しっかりとした対策を練り、取り組む必要があります。	【第1章2節】 5　人（経営）の承継の現実と対策の概要（20頁） 6　人（経営）の承継スケジュール（24頁） 7　後継者の選定（26頁） 8　後継者の育成（28頁） 9　人（経営）の承継プランの課題（30頁） 10　中期経営計画の意義・作成方法（32頁）
★承継後の経営安定対策 ・人（経営）の承継対策を行ったとしても、後継者に対する不安は残るものです。しばらくは後継者の経営権を制限するなどの対策を採ることも考えられます。	【第2章1節】 11　持株会社を活用した事業承継（38頁） 12　種類株式を活用した事業承継（40頁） 13　信託を活用した事業承継（42頁） 14　会社分割による事業承継 　　〜兄弟2人に分割して相続させる〜（44頁）
★自社株対策　①株価対策 ・株式の評価に対して贈与税が算出されるため、株価やオーナーの持株割合が下がると税負担が軽減されます。	【第2章2節】 15　役員退職金を活用した事業承継（46頁） 16　設備投資減税（中小企業経営強化税制）を活用した事業承継（48頁） 17　従業員持株会を活用した事業承継（50頁） 18　一般社団法人を活用した事業承継（52頁） 19　組織再編（合併等）を活用した事業承継（54頁） 20　中小企業投資育成を活用した事業承継（56頁）
②納税資金対策 ・贈与税や相続税の納税資金を確保する必要があります。	【第2章2節】 21　金庫株を活用した事業承継（58頁） 22　納税猶予制度を活用した事業承継（60頁） 23　新事業承継税制の概要 　　（2018年度税制改正）（62頁） 24　納税猶予制度活用のポイント（66頁） 25　事業承継ファンドを活用した事業承継（68頁） 26　資産管理会社を活用した事業承継（70頁） 27　医療法人における事業承継（72頁）

主な対策内容	関連項目
★争族対策 ・相続人が複数人いる場合、相続人間で遺産の配分方法を巡り意見が対立し、それがエスカレートすることで争族の問題が起こります。争族が起きないために、遺言を活用し各相続人に遺産をどのように分けるか、あらかじめ決めておくことが効果的です。	【第2章3節】 28 保険を活用した事業承継（76頁） 29 定款変更を活用した事業承継（78頁） 30 民法特例（除外合意等）を活用した事業承継（80頁） 31 事業承継に絡むトラブル防止のための遺言活用（82頁）
★MBO・M＆Aの活用 ・親族内に後継者候補がいないが、役員（従業員）には後継者候補がいるという場合は、MBO（社内役員等への株式承継）を検討します。これは第三者への株式譲渡よりも、企業理念・企業文化の継承や従業員の雇用継続を維持しやすくなるというメリットがあります。 ・親族内にも、役員（従業員）にも後継者候補がいないという場合は、M&A（外部への売却）を検討します。事業自体は残ることになるため、従業員の雇用が守れます。	【第2章4節】 32 MBOを活用した事業承継（84頁） 33 M＆Aを活用した事業承継（86頁）
★分散株式の集約 ・株主がオーナーと配偶者や後継者のみである場合など、株主が少ない会社については事業承継を比較的スムーズに進められるのに対し、株主が多い会社は、スムーズな事業承継を進めることができないケースが多くあります。	【第2章5節】 34 分散株式の集約（88頁）

第1章
事業承継の流れと重要ポイント

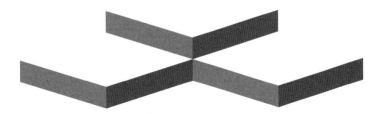

第1章　事業承継の流れと重要ポイント

① 事業承継計画の作成

1．事業承継計画の作成プロセス

　事業承継計画の作成にあたっては、①後継者の選定、②株価の算定、③株式移動プランの策定という３つのプロセスで作成するのが効果的です。

2．後継者の選定

　事業承継計画の作成は、まずは後継者を選定することから始まります。子供や親族の中に後継者候補がいる場合には、早めに会社経営の経験を積ませておくと、よりスムーズな承継が可能になります。

　親族内に後継者候補がいない場合には、親族以外の会社の役員や従業員などから後継者を選定することを検討します。ただし、株式を移動するための資金の捻出や、債務保証など、後継者の負担は少なくないため、早めに意思確認をしておくことが重要です。

　身近に後継者がいない場合には、第三者への株式譲渡（M＆A）により会社を売却することや、株式公開（ＩＰＯ）により広く後継者を求めることを検討します。

3．株価の算定

　自社の株価算定及び将来の株価予想を行い、株式の移動時期や移動に必要な資金の把握をしておくことが重要です。子供に株式を承継する場合には、一般的には株価の低い時期に株式を移動することを検討します。オーナーに役員退職金を支給するなど、株価を下げる対策を行うことも有益です。

　一方で、M＆Aでの株式譲渡を想定する場合には、株価の上昇を前提とした計画を作成することになります。

4．株式移動プランの策定

①子供や親族への承継

　安定した経営ができるよう、少ない資金で株式を後継者に集めるプランを検討することになります。暦年贈与により年数をかけて株式を移動するプランや、相続時精算課税制度や持株会社を利用して一度に多くの株式を移動するプランなど、状況に応じた効果的なプランを作成する必要があります。将来、遺産分割で争うことのないよう、他の相続人への配慮も必要になります。

②親族外の役員への承継

　役員や従業員を後継者として会社を承継する場合には、株価が高いなどの理由により、後継者に株式を集めることが難しいケースがあります。その場合、役員持株会として株式を保有するプランや、親族に無議決権株式を保有してもらうプランなど、後継者に議決権を集めることを検討することになります。

③M＆Aによる承継

　M＆Aにより会社を売却する場合には、個人的な財産の移動や、法律上の必要な整備をするなど、売却を念頭に入れたプランを作成することになります。何より、タイミング良く好条件で売却できる買い手が見つかるかどうかは不透明ですので、売却の決断は早めにする必要があります。

1．事業承継の概要

３つのプロセスに従って作成するのが効果的

ご提案のポイント

・事業承継を上手に実行するためには、①後継者の選定、②株価の算定、②株式移動プランの策定という、３つのプロセスに従った計画を作成するのが効果的です。

（1）３つのプロセスの検討

①後継者	②株価	③株式の移動プラン	主な留意事項
親族	低いほうが株式を移動しやすい	・暦年贈与 ・相続時精算課税贈与 ・納税猶予制度 ・持株会社の活用 ・遺言、信託など	・後継者の株式保有割合 ・後継者の納税資金の把握 ・遺留分対策
役員または従業員	低いほうが株式を移動しやすい	・株式譲渡 ・持株会社の活用 ・持株会の活用 ・種類株式の活用	・後継者の選定と意思確認 ・後継者の必要資金の把握 ・後継者の議決権割合
第三者	株価を上げる計画を作成	・М＆А ・株式公開（ＩＰＯ）	・条件の良い買い手を探すのに時間を要する場合がある

（2）３つのプロセスに従った事業承継計画例（親族を後継者とする場合）

①後継者：親族

	≪１年後≫	≪２年後≫	≪３年後≫
②予想株価	10万円	20万円	5万円
③移動プラン	暦年贈与	暦年贈与	相続時精算課税贈与
オーナーの持株比率	80％	70％	0％
後継者の持株比率	20％	30％	100％
オーナーの役職	代表取締役社長	代表取締役社長	会長
後継者の役職	取締役	専務取締役	代表取締役社長
オーナーへの退職金			支給
その他			遺言の作成

第1章　事業承継の流れと重要ポイント

---

2 事業承継フローチャート

1．事業承継の必要性

　事業承継には、後継者が存在しないことによる経営者の高齢化、経営者が交代することによる対外的信用不安、相続時における資産の分散、相続税の過大負担、などの様々な問題点が現実としてあります。

　このような問題を解決し、円滑な事業承継を進めるためには、計画的に行う必要があります。

2．事業承継の進め方

①現況把握

　具体的に事業承継を進めるには、まずは、現時点において、どのような状況にあるのか把握しておく必要があります。

　事業承継を進める会社の現況、会社の経営者の現況、後継者候補の有無についてです。

②承継手段、後継者の選定

　そして、誰に事業を承継するか方向性を決める必要があります。

　まず、考えられるのが、会社の経営者の親族です。

　しかし、昨今では、親族内で承継するケースが減少傾向にあるようです。

　親族内に後継者候補がいない場合には、会社の役員・従業員の中から後継者を見つける必要があります。

　または、会社外の第三者から見つけることも考えられます。

　それでも、候補者がいない場合には、第三者へのM＆Aをすることも考えられます。

③具体的な計画の作成

　後継者候補が現れたら、具体的にどのように承継していくか計画を立てる必要があります。

④後継者の育成

　そして、その候補者を後継者として承継できるよう育成する必要があります。

　親族内承継、親族外承継のいずれについても、その後継者がリーダーシップを発揮できるようにすること、取引先との良好な関係の維持、人脈作りを通じてコミュニケーションをできるようにする必要があります。

⑤承継時期の決定

　最後に、事業承継をする時期をいつにするか決める必要があります。

　代表取締役を退任する時期、株式を後継者へ移す時期です。

　特に、株式を後継者へ移す事は、一朝一夕には進まないことが予想されます。何らかの対策と時間をかける必要があります。

1. 事業承継の概要

円滑な事業承継は計画性が重要

ご提案のポイント

・事業承継を検討するに際しては、まず、全体の流れを把握しておくべきです。以下の
フローチャートを参考にしてください。

事業承継フローチャート

```
現況把握
 ・会社の現況
 ・経営者の資産の現況
 ・後継者候補の有無の確認
        ↓
承継手段、後継者の選定
 ・親族内承継
 ・親族外承継
 ・M＆A
        ↓
具体的な計画の作成
 ・承継計画の公表
 ・具体的な対策、手続
 ・承継の時期
    経営権の承継時期
    資産の承継時期
```

親族内承継の場合

```
後継者の育成
 ・リーダーシップ
 ・取引先との関係構築

後継者への引継ぎ
 ・経営権の承継
 ・株式の贈与・譲渡
```

親族外承継の場合

```
後継者の育成
 ・リーダーシップ
 ・取引先との関係構築

後継者への引継ぎ
 ・経営権の承継
 ・株式の譲渡
```

M＆Aの場合

```
 ・仲介者選定
 ・条件交渉
 ・デューディリジェンス
 ・クロージング
```

第1章　事業承継の流れと重要ポイント

3 親族内承継・親族外承継・M＆Aの選択

1．親族内承継

『事業承継に関する現状と課題について』（中小企業庁・2016年11月28日、以下、「中小企業庁調査」）によれば、直近5年内に行われた事業承継における後継者は、創業者の息子・娘、その他の親族といった親族内での承継が34.3％と、1980年以前の92.7％と比べ大幅に減少しています。法人経営者の約3割が廃業を予定しており、その理由は、事業に将来性がない（27.9％）、子供に継ぐ意思がない（12.8％）、子供がいない（9.2％）など、近年の産業構造の変化や少子化の影響が見受けられます。

親族内承継では、承継手段として①相続や②贈与、③売買が現実的な選択肢とできる、などのメリットがありますが、現経営者に親族内承継したいという希望があったとしても、創業者が重視する資質を持つ人材を親族内という限られた範囲で探さなければならないというデメリットがあります。候補者が複数いる場合には、逆に1名に絞る困難が生じます。

2．親族外承継－従業員等への承継

中小企業庁調査によれば、直近5年内に行われた事業承継における、役員・従業員への承継が26.4％であり、1980年以前の3.7％と比べ大幅に増加しています。

役員・従業員は自社の事業や業界に精通している点で、経営の承継に関しては社内関係者の理解を得やすいというメリットが

あり、親族内後継者が承継の適齢期になるまでの中継ぎとしても任せやすい面があります。しかし、株式の承継においては、後継者が多額の株式買取資金または納税負担のための資金を必要とするケースが多く、これらの資金調達を検討しなければならないといったデメリットがあります。

3．M＆A

M＆Aとは、会社の合併や買収を意味し、自社株式の第三者への売却のほか、他社との合併や他社への事業譲渡、会社分割などがあげられます。

中小企業庁調査によれば、直近5年内に行われた事業承継における、M＆Aによる承継は39.3％であり、こちらも1980年以前の3.7％と比べ大幅に増加しています。近年においては仲介業者やFA（フィナンシャル・アドバイザー）が増加し、また、インターネット等で広く情報を得られるなど、M＆Aの実施環境が整いつつあります。

M＆Aによる承継によれば、親族内や社内の役員・従業員に限らず広い範囲で後継者の選択ができるメリットがあります。しかし、従業員の生活を守るためなどの理由により廃業をせずM＆Aに至ったとしても、第三者である新経営者と従業員の軋轢により、会社機能の低下を招くこともあります。

以上の点を考慮のうえ、親族内承継を行うか、親族外承継かM＆Aとするかを検討する必要があります。

1. 事業承継の概要

事業承継プランの
メリット・デメリットを踏まえた選択を

ご提案のポイント

・親族内承継・親族外承継・M＆Aの選択にあたっては、以下の各メリット・デメリットを考慮し検討する必要があります。

＜親族内承継・親族外承継・M＆Aのメリット・デメリット＞

	親族内承継	親族外承継 （役員・従業員等）	M＆A
メリット	・①相続、②贈与、③売買が承継手段となる ・現経営者が培った経営手法や思いを伝えやすい	・自社の事業や業界に精通している ・後継者が承継の適齢期になるまでの中継ぎとして任せやすい	・広い範囲で後継者を選択できる
デメリット	・経営者としての資質を備えた後継者候補を、親族内という狭い範囲内で探さなければならない ・後継者候補が2名以上いる場合、1名に絞るか、経営権の組成に工夫が必要となる	・株式の承継にあたり、多額の買取り資金や税負担が生じるが、その資金捻出が困難であるケースが多い	・承継着手時から完了までの間に、価値評価や条件交渉などの事務が多数生じ、かつ仲介業者へ支払う報酬などコストも多額となる ・新経営陣と従業員とのコミュニケーションを図る必要がある

第1章　事業承継の流れと重要ポイント

4　後継者への自社株式の引継ぎ

　事業承継の実務の基本は、自社の株式を後継者へ引き渡す、ということです。この場合、自社の株式を、①どの程度、②どの方法で、③どのタイミングで引き渡すか、がポイントとなります。

1．どの程度引き渡すか？

　株式会社においては、自社株式の保有割合（議決権割合）で、その会社の支配度合いが決まります。例えば、議決権割合の過半数を保有していれば、取締役の選任・解任を決議できます。また、議決権割合の3分の2以上を保有していれば、定款変更・清算・事業譲渡などの会社の重要事項を決議できます。したがって、後継者へ株式をどの程度引き渡すか、を考えることは、とても重要です。

　また、後継者が大半の株式を持つが、オーナーの関与も残しておきたい、さらに、経営に関与しない家族にも、配当を通じ、将来の生活保障として株式を持たせたい、などの実情を考慮し、株式の保有割合を決める場合には、種類株式、信託などの利用も検討します。

2．どの方法で引き渡すか？

　株式を引き渡す方法には、相続（遺言による引継ぎ）による引き渡しのほか、贈与と譲渡があります。

　贈与は、主に、親族間における株式の移動方法として一般的なものであり、いわゆる暦年課税贈与と、相続時精算課税贈与の2種類があります。どちらの方法も、オーナーは、無償で株式を後継者に引き渡し、後継者は、これに対する贈与税を負担します。

　これに対し、譲渡は、株式を引き渡す対価として、売り手が現金を得ます。例えば、将来における相続税の納税資金の確保や、創業者利潤の獲得など、売り手に資金ニーズがある場合、また、オーナー一族以外に、自社株式が分散している場合、その集約にも利用されます。後継者は、株式取得資金が必要となるため、手元資金のほか、銀行借入等の資金調達を検討することになります。資金が多額になる場合には、ファンドによる資金調達の検討や、持株会社を利用した株式取得を検討します。

3．どのタイミングで引き渡すか？

　原則として、株価の低い時期を見計らって、引き渡すことを検討します。なぜなら、株式の移動によって生じる資金負担（納税資金・株式取得資金）に大きな影響があるからです。特に今後、株価上昇の可能性が高い場合には、早期の対策を検討する必要があります。

　また、今後の事業計画において、例えば、オーナーの退職、多額の設備投資、含み損を抱えた不動産の処分などが考えられる場合には、その後、株価が大きく下がる可能性もあります。このようなタイミングで、株式の引き渡しを行うことは、事業承継対策上、有効な方法です。

1．事業承継の概要

株式の引継ぎプランが事業承継の最重要事項

ご提案のポイント

・後継者への引継ぎには、自社の株式を①どの程度、②どの方法で、③どのタイミングで、後継者へ引き渡すかを検討します。

【どの程度】

会社支配権に影響

株式の保有（議決権）割合が、会社支配を左右するため、どの程度株式を持つかは重要。

〈例〉・議決権総数の過半数　　　⇒　取締役の選任・解任ができる。

　　　・議決権総数の3分の2以上　⇒　重要事項(定款変更・清算・組織再編)の決定ができる。

　　　・議決権総数の3分の1超　　⇒　重要事項の内容を否決できる

後継者以外の所有

種類株式や、信託などの検討を行う。

〈例〉・後継者への育成度合いを考え、現オーナーの関与を残したい。

　　　・後継者以外に株式を持たせたいが、経営には関与させたくない。

【どの方法で】

贈与と譲渡

〈例〉現オーナーから後継者への移転

	贈与	譲渡
特徴	○取得者（後継者）へ無償で引き渡すため、取得者（後継者）側で納税負担が生じる。 ○暦年課税贈与 　累進課税（年間110万円の非課税枠） 　原則、贈与時に相続財産から切り離される。 ○相続時精算課税贈与 　60歳以上の親・20歳以上の子・孫間の贈与に適用。 　税率20％（一生涯で2,500万円の非課税枠） 　贈与した財産は、相続時に持ち戻して再計算（財産評価額は、贈与時の価額で固定される）。	○譲渡であるため、譲渡者（現オーナー）は、対価として現金を得る。 ○譲渡者（現オーナー）に対して、譲渡所得税（20.315％）がかかる。 ○次の場合には、有効な方法となる。 　譲渡者（現オーナー）に、納税資金の確保等の資金ニーズがある場合 　株式が、現オーナー以外に分散しており、集約が必要となる場合 ○取得者（後継者）は、株式取得資金が必要となる。 　自己資金・借入等の資金の確保、持株会社・ファンドを利用した株式の取得の検討

【どのタイミングで】

株価の低いうちに

納税負担、株式取得資金の観点からは、株価が低い時期に引き渡すことが原則。

株価上昇が見込まれるケースでは、早めの対応も必要。

〈例〉株価が下がるケース

　　　・オーナーの退任に伴う、役員退職金の支給

　　　・多額の設備投資

　　　・含み損を抱えた不動産の整理

第1章　事業承継の流れと重要ポイント

5 人（経営）の承継の現実と対策の概要

1．人（経営）の承継が資産の承継より重要

　事業承継とは文字どおり「事業」そのものを「承継」する取組みですが、大別すると経営を引き継ぐという側面（人（経営）の承継）と、現経営者が保有する株式を引き継ぐという側面（資産の承継）があります。事業承継で最も重要かつ取組みが難しいのは前者です。巷間、事業承継は資産承継に伴う税負担等の問題が大きいために停滞しているという論調がありますが、実際には人（経営）の承継がままならないために停滞していることが多いものです。いくら立派な資産承継（税金対策）プランがまとまっていたとしても、立派な後継者がいなければ（後継者がいても、その素養を高めることができなければ）、事業承継はできないということです。

　本節（⑤～⑩）では、この「人（経営）の承継」について詳しく解説していきます。なお、資産承継（および税金等の対策）については第2章を参照してください。

2．自社の事業内容（強み等）の整理　　〜受け継ぐべきは無形資産

　人（経営）の承継を行うには、まずは、自社の強みが何なのか、を明確にする必要があります。多くは、経営理念、取引先との人脈、従業員の技術や技能、ノウハウ、知的財産権（特許等）といった目に見えにくい資産（無形資産）です。

　中小企業基盤整備機構の「事業承継実態調査報告書」によれば、後継者は現経営者から事業を引き継いだ際に、「経営力の発揮」「取引先との関係維持」「一般従業員との関係維持」等、目に見えにくい資産の承継に苦労されていることが分かります（図表参照）。

3．後継者と現経営者との経営理念等共有に向けた取組み

　円滑な事業承継を実現するためには、これら目に見えない資産を後継者にどのように引き継ぐか、を検討する必要があります。

　人（経営）の承継の第1歩として、まずは後継者へ会社の沿革や歴史について理解してもらうことが重要です。

　後継者と現経営者で経営理念を共有していない場合やそもそも後継者が価値観・理念を理解して経営できる人材でない場合には、将来的に親子間でお家騒動や経営方針の違いによる古参幹部との関係悪化等によって会社が業績低迷に至ることも考えられます。関東経済産業局の「中小企業経営のあるべき姿に関する調査」（2010年3月）によると、「活力のある中小企業」と「赤字企業」を比べると、前者のほうが経営理念の浸透している度合いが高いという結果が出ています。

　現経営者と後継者がお互いの理解を深めるためには、こうした無形資産を「見える化」することが重要です。後継者に自社の経営の強みを認識し、理解を深めてもらうために活用できる方法の一つに、中小企業

2．大きな課題となる「人（経営）の承継」

基盤整備機構が策定した「事業価値を高める経営レポート」（知的資産経営報告書）を一緒に作成する取組みが考えられます。このレポートは自社の強み（知的資産）をしっかり把握し、それを活用することで業績の向上に結び付けることを目的に作成することを想定していますが、人（経営）の承継にも大いに活用できると考えられます。

4．古参幹部の信任

次に検討すべきこととして、後継者に経験・実績がない場合には、古参幹部が後継者をすぐには信任しないことがよくあり、この問題をどうするかということがあります。つまり、こうした古参幹部の信任をいかに早く勝ち取るかということも事業承継における大きな問題の一つといえるのです。その信任獲得の手助けをしてあげるのは、先代経営者の重要な責務です。また、後継者にないスキルや経験を持った古参幹部がサポートする環境の整備や後継者教育が重要です。

以上に関しては、[6]、[9]で、やや詳しく解説します。

図表　事業承継の際に苦労した点

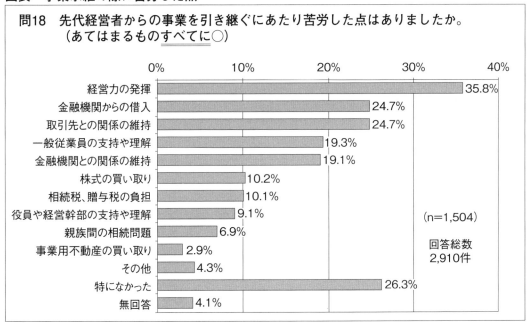

先代から事業を引き継ぐにあたり苦労した点として、従業員規模、承継時の年齢、世代別にかかわらず、「経営力の発揮」を挙げている経営者が多く、続いて「金融機関からの借入」、「取引先との関係の維持」という結果になっている。

出典：事業承継実態調査報告書（中小機構2011年3月実施）

第1章　事業承継の流れと重要ポイント

現経営者と後継者で事業を「見える化」し相互理解を進める

ご提案のポイント

- 後継者に自社の経営について理解を深めてもらうため、経営にとっての重要指標（KPI）や今後のビジョンについて見える化を進めておくことが効果的です。
- 人（経営）の承継に向けては、現経営者と後継者（後継者を支える幹部も含む）が上記「見える化」したものを共有することが非常に大切です。
- 中小企業基盤整備機構が用意している以下のフォーマットが活用できます。

≪事業価値を高める経営レポートの作成≫

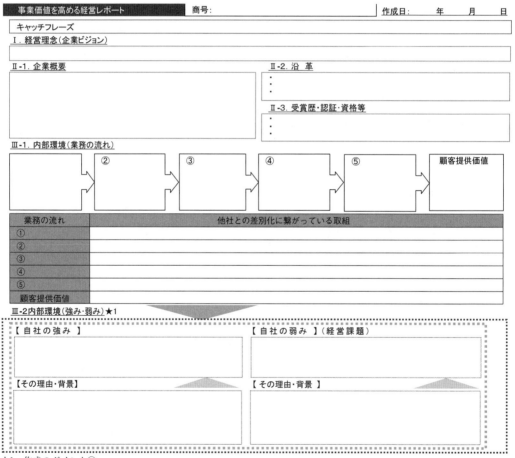

★1　作成のポイント①
円滑な承継において重要なことは、現経営者・後継者間における経営環境の認識を合わせることです。特に自社の強み・弱み（経営課題）を整理し、後継者がそれをしっかり把握することが重要です。

2. 大きな課題となる「人（経営）の承継」

Ⅳ. 外部環境（機会と脅威）

機　会	取組の優先順位

脅　威	取組の優先順位

Ⅴ. 今後のビジョン（方針・戦略）

外部環境と知的資産を踏まえた今後のビジョン	①	
	②	
	③	

今後のビジョンを実現するための取組	

Ⅵ. 価値創造のストーリー★2

知的資産・KPI	【過去～現在のストーリー】（　年～　年）知的資産の活用状況		【過去～現在のストーリー】（　年～　年）知的資産の活用状況	
	人的資産 ※従業員が退職時に一緒に持ち出す資産（ノウハウ、技能、経験、モチベーション、経営者の能力など）		人的資産	
	構造資産 ※従業員の退職時に企業内に残留する資産（システム、ブランド力、もうかる仕組みなど）		構造資産	
	関係資産 ※企業の対外的関係に付随した全ての資産（販路、顧客・金融機関などとの関係など）		関係資産	
	その他 ※上記3分類に属さないもの（資金、設備など）		その他	

KGI	【現在】	【将来】

★2　作成のポイント②
自社内の経営環境を強み・弱み（経営課題）に区分して整理した後、その理由（背景）を掘り下げましょう。理由については知的資産の3分類（①人的資産、②構造資産、③関係資産）を記載することで幅広く検討できます。
例）人的資産：社長のカリスマ性、社員の技術力等、構造資産：マニュアル・文化等、関係資産：協力会社・調達先等
出典：中小機構　http://www.smrj.go.jp/tool/supporter/soft_asset1/index.html

第1章　事業承継の流れと重要ポイント

6 人（経営）の承継スケジュール

1．どのくらいの期間がかかるのか

　人（経営）の承継において、後継者が決まっていないような場合は、その候補者作りから始まりますから、5〜10年かけて取り組むというのが一般的です。後継者がほぼ決定しているような場合であれば5年が一つの目安となります。つまり、後継候補者が複数いるような場合は5年をかけて後継者を絞り込み、実質的な人（経営）の承継に5年をかけるということです。

　後半の5年間ですが、最初の3年で現経営者から後継者へのバトンタッチを行い（現経営者は代表取締役を退任）、後半2年は、後継者・後継幹部が経営を主導しますが、退任した経営者は会長等の立場で後継者をサポートしていく期間となります。

　なお、後継者が決まっていない場合の、後継者の選定および育成については、7、8で解説します。

2．現経営者に求められること

　後継者の選定プロセスも踏まえると10年という人（経営）承継スケジュールの中では、現経営者には次の取組みが求められます。

①収益性の強化

　通常、後継者への承継直後は業績が停滞気味になるものです。収益性をできる限り強化しておけば、後継者は承継直後の不安定な状況を乗り切ることができます。

②事業・経営者のノウハウの「見える化」

　5で詳しく示した無形資産にとどまらず、現経営者が経験則から当たり前にできていることを「見える化」する、ということです。現経営者にとって当然の判断の裏側にあるノウハウを見える形にして伝授することがなければ、後継者は同様の判断を絶対にできないと言えます。

③古参幹部の処遇決定

　現経営者と共に事業を築き上げてきた古参幹部は、後継者にとって厄介な存在となるリスクもあります。現経営者退任のタイミングで一線を退いてもらうよう働きかけることも現経営者に期待される役割です。

3．後継チームの立ち上げ

　中小企業では特に、現経営者が全てを取り仕切っているということが多いものですが、その全てを後継者が行うというのは現実的ではありません。後継者を支える経営幹部を選定し、上記「見える化」のプロセスにこれら幹部を巻き込みながら、「後継チーム」を立ち上げていきます。

4．中期経営計画の策定

　この中期経営計画は、現経営者が退任し、後継者が新経営者として実施する計画です。この計画の遂行状況を会長等として2年程度見届け、新経営陣の経営に安心感を抱くことができれば、人（経営）の承継が完了します（計画策定の詳細は10参照）。

2. 大きな課題となる「人（経営）の承継」

人（経営）の承継には５～１０年かかる

```
ご提案のポイント
```
・後継者の選定から考える場合は、長く見積もって10年間を人（経営）の承継期間と考えます。
・後継者が決定したら、3年をかけて具体的な承継を行い、後継者が経営者となった後も、2年程度は先代経営者が新経営者をサポートすることが必要です。
・後継者は新経営者として説得力のある中期経営計画を策定し、その実行能力が十分であると先代経営者が評価することで、事業承継が完了します。

＜人（経営）承継のスケジュール（例）＞

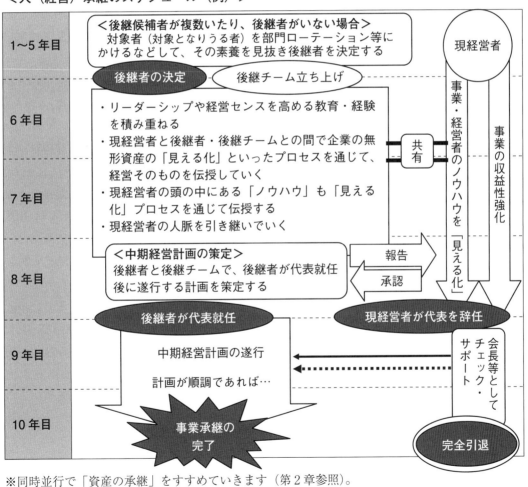

※同時並行で「資産の承継」をすすめていきます（第2章参照）。

第1章　事業承継の流れと重要ポイント

7 後継者の選定

1．後継者の選定

　後継者を選定する場合には、経営者としての資質のある人を選ぶことが重要なポイントです。中小企業白書のデータによると、後継者を決定する際に重視するポイントとして、小規模事業者では、「親族であること」、「自社の事業・業界に精通していること」が高いのに対し、中規模企業では、「リーダーシップが優れていること」、「経営に対する意欲が高いこと」が高くなっています。

　親族以外への事業承継が増えつつある中で、未だに親族への事業承継が大多数を占める小規模事業者では、後継者となる子どもがいない場合、後継者を確保することが事業承継における最大の課題となるかと思われます。

　また、子どもがいる場合でも、子どもが事業を継ぐことを当然視することなく、承継の意思を確認するなど、後継者候補を早期に決定することが重要だと考えられます。

　一方、後継者に不足している能力等を見ると、「財務・会計の知識」、「自社の事業・業界への精通」が小規模事業者、中規模企業ともに高くなっています。

　小規模事業者では、「営業力・交渉力」が高くなっているのに対し、中規模企業では、「リーダーシップ」が高くなっています。

　小規模事業者では経営者自身の実務能力が期待されているのに対し、中規模企業で

は、役員・従業員を統率して経営を方向付ける能力がより重視されているようです。

2．関係者からの理解

　円滑な事業承継のためには、社内外の関係者から事業承継に対する理解を得ることも重要だと考えられます。周囲に認められないまま、後継者に事業を引き継げば、後継者の経営主導に支障を来たすおそれがあるからです。

　社内の関係者から事業承継への理解を得るために効果的な取組みとして、小規模事業者では、「後継者が自社で活躍すること」が、中規模企業では、「後継者を支える組織体制を構築すること」が高くなっています。

　事業規模が大きくなるほど、経営者が独力で企業を運営することは難しくなるため、特に、中規模企業においては、後継者を支える経営幹部の養成や組織体制づくりによって、社内外の関係者から事業承継に対する理解を得ることが重要だと考えられます。

　事業承継の取組み度合いをみると、後継者が決まっている企業は、「十分している」、「ある程度している」と回答する割合が約7割に上っているのに対し、後継者が決まっていない企業は、後継者候補がいる企業で3割強、候補がいない企業では1割強にとどまります。

　事業承継を円滑に進めるためには、早めに後継者を確保する必要があります。

2. 大きな課題となる「人（経営）の承継」

資質・能力の備わった後継者の確保に向けた対策が重要

ご提案のポイント

・後継者を選定する場合には、経営者として資質のある人を選ぶことがポイントです。また、円滑な事業承継のために後継者を早めに確保することが重要だと考えられます。
・下記の中小企業庁のアンケート調査等を参考にして、後継者について考えてみましょう。

図表1　規模別の後継者を決定する際に重視すること（複数回答）

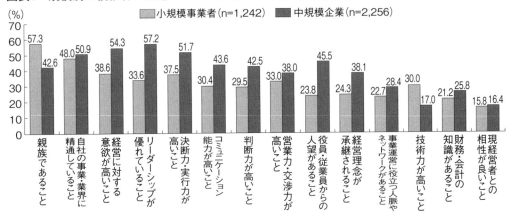

資料：中小企業庁委託「中小企業の事業承継に関するアンケート調査」（2012年11月、（株）野村総合研究所）
（注）1．小規模事業者については、常用従業員数1人以上の事業者を集計している。
　　　2．「その他」は表示していない。

図表2　規模別の後継者に不足している能力等

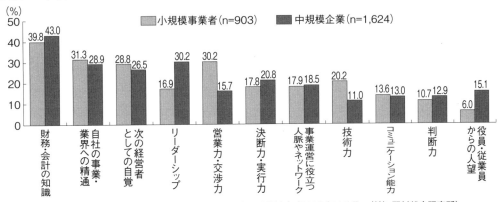

資料：中小企業庁委託「中小企業の事業承継に関するアンケート調査」（2012年11月、（株）野村総合研究所）
（注）1．最大3項目までの複数回答。
　　　2．小規模事業者については、常用従業員数1人以上の事業者を集計している。
　　　3．「その他」は表示していない。
　　　4．後継者には、後継者候補を含む。

第1章　事業承継の流れと重要ポイント

8 後継者の育成

1．後継者に必要とされる教育とは？

　後継者が決定されたとしても、その後継者が次世代の経営者として、社内及び社外において信頼される存在でなければ、会社の成長、ひいては経営の安定にも、影響を及ぼしかねません。

　そのためには、後継者に、経営者たる資質を身に付けてもらうことが必要です。

　後継者の育成には、おおよそ5年から10年程度かかるといわれており、早期に着手することが必要です。

　経営者は、後継者に対して、次期経営者として必要な実務能力、心構えを習得するための教育を行い、環境の変化に対応できる能力を習得させることを考えなければなりません。また、会社設立より培われてきた、企業理念や経営方針も喪失してはならない財産といえますから、これらも併せて後継者に伝えていくことはとても重要です。

　スムーズな事業承継を目指すためには、後継者自身が、「自分は、この会社の経営者となるのだ」という自覚を持ち、意欲的に教育を受けることが望ましいといえます。自覚を持たせるために、経営者が、自ら、後継者と綿密なコミュニケーションを図り、会社経営に対する想いを、後継者に伝えてみるのも良いでしょう。

2．後継者の教育方法

　特に中小企業の経営者は、事業の運営のほか、営業、財務、労務など、経営管理に関する幅広い知見が必要となります。

　育成の方法には、主に、社内教育と社外教育の2つがあげられます。

①社内教育

　社内での教育には、現経営者の下で、直接の指導を受けることができ、経営者としての振る舞い、考え方、働き方などを学ぶことができます。

　具体例をあげると、社内における、営業・製造・総務・財務・労務等の各分野について、ローテーションを組みながら、経験させることや、経営企画への参画、役員への就任等により、リーダーシップの発揮、あるいは重要な意思決定の機会を与えることで、経営者としての責任を持たせることが考えられます。

②社外教育

　社外での教育には、他社（取引先・同業種など）での勤務による経験、セミナー等への参加による学習の機会があげられます。

　他社での勤務では、自社とは異なる経営手法や技術の獲得、会社風土等の経験、自社を客観的に見つめる機会が得られます。また、子会社等の経営を実際に任せるのも一つの方法です。

　セミナー等への参加は、広範かつ、体系的な知見を得ることが可能となります。

　教育の方法は、上記のように、様々ありますから、後継者の資質、個性に合わせて検討することが必要です。

2. 大きな課題となる「人（経営）の承継」

後継者の育成はどう考える？
～後継者への教育方法～

ご提案のポイント

・スムーズな事業承継を目指すためには、後継者の育成は重要です。経営実務だけでなく、企業理念や経営方針を伝えていくことも必要です。後継者の教育方法には、次の例があります。

【社内での教育方法】

教育例		効果
各部門をローテーションさせる	⇒	経験と知識の習得

各部門（営業・財務・経営企画等）をローテーションさせることにより、会社全般の経験と必要な知識を習得させます。

教育例		効果
責任ある地位に就ける	⇒	経営に対する自覚が生まれる

役員等の責任ある地位に就けて権限を委譲し、重要な意思決定やリーダーシップを発揮する機会を与えます。

教育例		効果
経営者による指導	⇒	経営理念の引継ぎ

経営者の指導により経営上のノウハウ、業界事情にとどまらず、経営理念を承継します。

【社外での教育方法】

教育例		効果
他社での勤務を経験させる	⇒	人脈の形成・新しい経営手法の習得

人脈の形成や新しい経営手法の習得が期待でき、業界の傾向を知り、広い視野で自社を客観的にみることができます。

教育例		効果
子会社・関連会社等の経営を任せる	⇒	責任感の醸成・資質の確認

後継者に一定程度実力が備わった段階で、子会社・関連会社等の経営を任せることにより、経営者としての責任感を持たせるとともに、資質を確認します。

教育例		効果
セミナー等の活用	⇒	知識の習得、幅広い視野を育成

後継者を対象とした外部機関によるセミナーがあります。経営者に必要とされる知識全般を習得でき、後継者を自社内に置きつつ、後継者の視野を広げることができます。

出典：中小企業庁「経営者のための事業承継マニュアル」2017年3月

第1章　事業承継の流れと重要ポイント

9　人（経営）の承継プランの課題

1．後継者に求められる素養とは何か

　後継者を選定する際のポイントについては7「後継者の選定」で解説をしましたが、一般に、後継者に求められる素養としては、経営者としての素質（リーダーシップ等の経営センス）、経営能力や経営意欲、さらに事業運営に関する現場の知見や営業・財務・労務等の経営管理に関する幅広い知見などがあります。

　経営意欲については「後継者の強みを活かし、成果に責任を持たせること」で仕事への意欲を持つようになることが考えられます。一方、現場に関する知見や経営能力を短期間で習得することは難しいため、後継者教育のための十分な期間を設け、後継者に必要な経験を積ませることが大切です（後継者の育成方法については8参照）。

2．現経営者の持つ人脈、経営ノウハウの引き継ぎ

　社内外での後継者教育を行うことにより、現場に関する知見や経営者としての自覚を育てることに繋がります。一方、現経営者の持つ人脈・経営ノウハウ・経営のコツは、後継者の成長に合わせて少しずつ引き継いでいく必要があり、一般に時間がかかります。そのため、後継者が安定した経営ができるようになるまでは、現経営者は会長職などに就いて権限を残しつつ、後継者を支える期間が必要です。

3．古参幹部の処遇について

　現経営者に強い信頼を持っている古参幹部がいる場合に、後継者についての十分な説明もなく承継を進めていこうとすると、古参幹部の反感を買い、後継者による新体制の経営に影響を及ぼす可能性があります。そのため、後継者の経営理念や後継者による新経営体制の内容等について、これら古参幹部に丁寧に説明し理解を得ることが大切です。役員等であれば現経営者とともに退任するという方向性も検討すべきでしょう。

　後継者による新体制を支えてもらいたい古参幹部については、後継幹部として内部昇格させる等適切な処遇を行うことで、後継者を支える体制を整え、協力をお願いすることも重要です。その際には、当該人材のこれまでの実績や経験にも十分配慮した人事異動であることを社内に説明する必要があります。

4．現経営者に及ばないリーダーシップをどう補うか

　現場の知見や経験が備わっていない後継者にとって、すぐに現経営者のようにリーダーシップを発揮していくことは不可能です。そのため、後継者は古参幹部や関係者の協力を得ながら新体制の下で経営を進めていくことになります。

2. 大きな課題となる「人（経営）の承継」

経営者に求められる素養を後継者に習得させる着眼点

ご提案のポイント

・後継者が経営者として求められる素養を全て身に付けているとは限りません。
・身に付けるべき素養を整理し、現経営者から上手に引き継いでいくことが大切です。

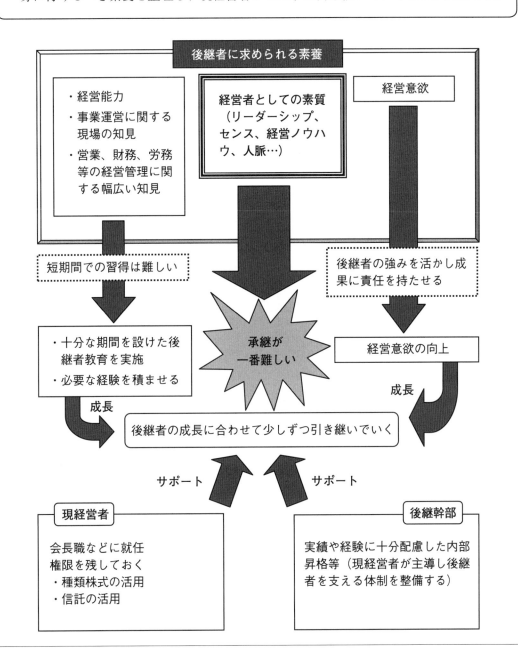

第1章　事業承継の流れと重要ポイント

10 中期経営計画の意義・作成方法

1．中期経営計画策定の作成

　人（経営）の承継の締めくくりとして、会社の中期経営計画を策定することをお薦めします。この計画は後継者が、後継幹部も交えて作成するものであり、現経営者はあまり関与すべきでないと考えられます。

　後継者に経験・実績がない場合には、古参幹部が後継者をすぐに信頼しないケースが見受けられます。この作業は、後継者が「会社の代表者としてこういう会社にしたい」という姿を描くことで、古参幹部や社員に自身の思いを伝えることが狙いです。また、経営幹部を巻き込みながら立派な経営計画を作成し、現経営者が納得すれば、それは人（経営）の承継プラン段階のゴールともいえます。

　中期経営計画は、現状の事業環境（外部環境・内部環境）の分析からはじめて、今後の一定期間における事業を見通し、3〜5年後に会社をどうしたいかという経営ビジョンを達成するための道筋を明確にするものです。

　策定する経営計画は後継者が達成する計画として作成することで、経営者として、当事者意識を醸成するプロセスとしての役割もあります。

2．中期経営計画策定のステップ

①STEP I　現状分析

　中期経営計画を策定するうえでは、自社の置かれている現状をきちんと把握するこ

とが不可欠です。

　この現状分析を行うには、自社を取り巻く外部環境と、自社の経営資源上どのような強み・弱みがあるのかの内部環境の検討を行う必要があります。

　外部環境分析では、需要の低迷や競合の激化といった、自社の業績にマイナスの影響を与える要因だけでなく、将来、自社にとって飛躍のきっかけとなる機会（＝ビジネスチャンス）も見出すことが重要です。外部環境分析はマクロの視点とミクロの視点に分けて取り組んだほうが、より的確な結果が得られます。マクロの視点では、法律の変更や規制緩和または強化の実施、景気変動等の「変化」に着目します。社会情勢や技術革新の変化にも注目したほうがよいでしょう。

　一方、ミクロの視点では、消費者の意識（ニーズ）や行動の変化、業界内の利害関係者の変化やそれに対する競合の対応に着目します。

　具体的には、マクロの視点で掴んだ「変化」が、自社の市場にどのような影響を与えているのか・与えうるのか、顧客志向についてはどうなのか、などを検討します。

　自社が置かれている競争環境の分析も重要です。競争環境をきちんと把握するには、競合企業との競争状況の実態を再確認するだけでなく、新規参入により、より競争環境が激化する可能性や、自社の製品・サービスが別のものに代替される可能性など、現在の競合企業との間である程度均衡して

いる競争環境が大幅に変化してしまう可能性まで洞察するべきでしょう。

SWOT分析という企業分析手法があります。自社の強み（Strengths）、弱み（Weaknesses）、機会（Opportunities）、脅威（Threats）を整理して分析するものですが、外部環境分析とはこのうち「機会」と「脅威」について把握するものだと考えると分かりやすいかもしれません。

一方、内部環境の分析は、上記SWOT分析の「強み」と「弱み」を対象にするものといえます。すなわち自社の持つ経営資源（ヒト、モノ、カネ、ノウハウ、情報等）を競合他社との相対評価として客観的に分析します。

現在の競合他社との相対評価で「強み」があったとしても、新規参入等があった場合、当該参入企業に比べて「強み」があるとは限りません。したがって、自社の経営資源のみに着目した分析も重要なアプローチです。

例えば売上・費用の推移を時系列で捉え、その増減がどのような要因によりもたらされたのかを把握することで、自社の強みや弱みを認識することができます。また、業務活動を細かく分断していき、それぞれの業務単位ごとの実態を認識し、強みや弱みを捉えていくという方法も有効でしょう。

まずは上記のような着眼点を持って、自社の置かれている外部環境と内部環境の現状を体系的に把握していきます。

② STEP Ⅱ　将来予測

上記の外部環境分析を中・長期的な視点から行うことも重要です。STEP Ⅰの外部環境分析は、あくまで現状分析という位置づけで行うものですが、このプロセスでは5年後程度を目安にした視点から外部環境分析を行います。

5年後程度であれば、政府やシンクタンク等が公表する各種データを参考に、相当程度具体的な分析ができます。こうしたデータを利用すれば、例えば市場規模について、「製品Aの市場規模は、5年後には○％増」という判断も可能ということです。このSTEP Ⅱの将来予測では、こうした判断に基づき自社の将来像を描いていくことになります。

③ STEP Ⅲ　経営ビジョンの決定

STEP ⅠおよびⅡの検討を経て、将来の経営ビジョンを決めます。後継者は自身の経営の進め方について現経営者のやり方を「続けていくこと」と「変えていきたいこと」を整理し、古参幹部にメッセージとして発信していく必要があります。現状を変えようとすると古参幹部や社員の反発を招くことも考えられますが、後継社長として、将来の「自社の理想とする姿」を明確にすることで古参幹部や社員の信頼を得ることができるでしょう。

④ STEP Ⅳ　今後の経営目標の設定

先の経営ビジョンを画餅に終わらせないために、具体的な数値目標を設定し、将来の自社の経営戦略のポイントを明確にしま

第1章 事業承継の流れと重要ポイント

す。具体的には、「業績目標」（売上高など
の収益目標）や「事業目標」（事業・組織施
策などの体質強化の目標）、「設備投資目標」
（新事業、新市場などの先行投資の目標）な
どを設定します。業績目標の数値は、合理
的根拠に裏付けられたものであり、また最
大限に努力して達成可能なものでなければ
なりません。高すぎてまったくの画餅であっ
たり、逆に低すぎて従業員の意欲を低める
ものであっては意味がありません。また、
これらは各部門の方針を立てるための前提
となるものとして設定します。そして、こ
れらをもとに、関連する部門が、全社的経
営目標を考慮した目標を設定します。

　現状のまま何もしなかった時の3〜5年
後の予測と、経営ビジョンを踏まえ達成し
たい中期経営目標とを比較し、戦略を検討
します。

⑤STEP Ⅴ　中期経営計画書として纏める

　上記の内容については、経営幹部としっ
かりと議論し、必要に応じて修正を加え中
期経営計画書として纏めます。完成したら、
現経営者や社員に向けて内容を報告しま
す。

　現経営者に、この中期経営計画を報告す
るわけですが、現経営者に納得してもらう
ことが最重要です。当然の話ですが、後継
者及び後継幹部が策定した経営計画につ
き、現経営者に納得してもらわなければ事
業承継計画は頓挫します。現経営者が後継
者の策定した経営計画に納得しないという
ことは、後継者に経営者としての素養が十

分備わっていないと判断しているというこ
とだからです。

　したがって、中期経営計画策定のプロセ
スにおいては、その過程で現経営者に中間
報告をしたり、相談に乗ってもらったりす
ることも重要になるでしょう。もとより、
後継者や後継チームが、現経営者とともに
「見える化」した自社の無形資産やノウハ
ウ（⑤参照）を尊重し、それを各種分析と
結びつけた計画を策定するという取組みが
一番重要なことになります。

3．中期経営計画策定のメリット

　冒頭に、中期経営計画策定は人（経営）
の承継の締めくくりであると述べました。
上記で示唆したように、策定した中期経営
計画に対し、現経営者の納得を得られると
いうことは、後継者が次期経営者としての
素養があると、相当程度認められるという
ことです。したがって、中期経営計画策定
は人（経営）の承継において非常に重要な
意味を持つのです。

　また、後継者と後継幹部が議論を戦わせ
つつ、一緒になって計画を策定するという
ことが、次期経営チームをより強固なもの
にするという効果を生むものと考えられま
す。

2. 大きな課題となる「人（経営）の承継」

中期経営計画の策定・遂行で人（経営）の承継は完了

ご提案のポイント

・中期経営計画とは、自社の現状を分析し、5～10年後を念頭に企業の目指す方向（ビジョン）やそのための戦略を具体化する作業です。中期に会社が取り組むべき課題やその解決策を考えて、その解決策に基づいて行動計画（アクションプラン）をつくるものです。
・この中期経営計画を後継者が後継幹部とともに策定し、現経営者の承認を経て実行していくというプロセスが滞りなく進めば、人（経営）の承継は完了するといえます。

【中期経営計画立案プロセス】

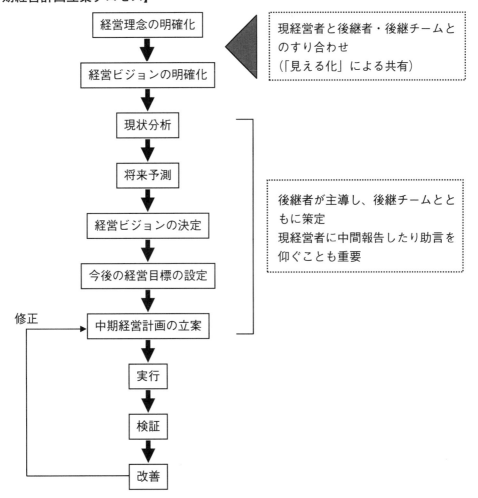

第2章
事業承継提案事例

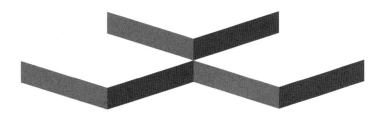

第2章　事業承継提案事例

11 持株会社を活用した事業承継

持株会社とは、他の株式会社を支配する目的をもって、その株式を保有する会社のことをいいます。

1．持株会社スキームの概要

①後継者が持株会社を設立（もしくは、既存の会社を持株会社として利用する）

②事業会社は株式の購入資金を金融機関等から借り入れる

③オーナーを含めた株主は事業会社の株式を持株会社に譲渡する（持株会社は事業会社の株式を全株取得する）

④持株会社は事業会社からの配当を受け取り、金融機関等に借入金を返済する

2．メリット

●通常、非上場株式は換金性が乏しいが、持株会社に譲渡することで換金することができます。この場合、オーナー（個人株主）は、譲渡所得として申告分離課税となり、役員報酬や配当と比べて税率が有利になる可能性があります。

●株式を売却した後は、その株式にかかる相続税の問題から開放され、事業活動に専念することができます。

●後継者は、事業会社の株式を持株会社を通して間接的に保有することによって、将来の株価上昇を抑制できます。

※純資産価額方式の計算上、所有している資産の時価が取得時の価額を上回る場合、含み益に対して、法人税相当額37％の控除が認められています。そのた

め、将来の株価上昇により生じる含み益に対して37％控除した評価となります。

3．デメリット

●持株会社は、株式購入資金を準備する必要があるため、利息を含めた返済計画をたてる必要があります。

●持株会社を新設する場合、運営について追加のコストや事務負担が発生します。

●株式を譲渡したオーナーは、事業会社に対する所有権のみならず議決権を失うことになります。そのため、持株会社の株式の一部を拒否権付き株式としてオーナーが保有するなど、一定の対策をすることが望まれます。

4．税務上の取扱い

●個人と法人の取引は、相続税評価額ではなく、時価で行う必要があります。時価と相違する価額で売買した場合、差額について追加的な課税が生じるおそれがあります。特に時価の2分の1未満で譲渡した場合は、売主（オーナー）は時価で譲渡したものとみなされて所得税が課税され、買主（持株会社）では、時価との差額が受贈益となります。

●株式を譲渡した株主は、譲渡代金から取得費を差し引いた譲渡益に対して、20.315％（所得税及び復興特別所得税15.315％、住民税5％）が課税されるため、翌年の3月15日までに確定申告し納付する必要があります。

1. 承継後の経営安定対策

株価対策後に売却することが効果的
～持株会社に譲渡した後は将来の上昇幅を抑制～

ご提案のポイント

・株価対策を行ったうえで持株会社へ売却することで、より効果が得られます。
・株価の将来の上昇幅を抑制することができます。
・譲渡所得は分離課税のため、低い税率で後継者に所有権を移すことが可能です。

〈前提条件〉
① 事業会社の株価（1株当たり）　　1万円
② 株式数　　　　　　　　　　　　1万株
③ 1万株全てを持株会社へ譲渡
④ 10年後の事業会社の株価（1株当たり）　3万円
⑤ 相続税負担率　　　　　　50％
⑥ 譲渡所得税・住民税率　　取得費（譲渡所得の5％）控除後に対して20.315％

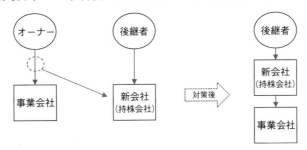

(単位：万円)

項目	現状 対策前	現状 対策後	10年後 対策前	10年後 対策後
評価額	10,000	10,000		22,600
（持株会社）		10,000		22,600 ※1
（事業会社）	10,000		30,000	
相続税	5,000	− ※2	15,000	− ※2
譲渡所得税・住民税	−	1,930	−	−

※1　対策後の含み益に対して37％控除された評価となります
　　10,000 + 20,000 ×（100 − 37）％ = 22,600
※2　対策後は持株会社が株式を保有するため自社株に対する相続税はかかりません（後継者が死亡した場合は相続税の対象となります）

　オーナーは持株会社に事業会社の株式を譲渡した後は、将来の株価の値上がりを気にすることなく事業活動に集中することができます。また、後継者においても、将来株価が値上がりした部分については37％控除した評価額となるため、次世代の相続対策にも活用できます。
　持株会社の株式購入資金の返済は、事業会社からの配当を利用することが可能です。配当計算期間を通じて事業会社の株式を100％保有している場合、持株会社は無税で配当を受け取ることができます。

第2章 事業承継提案事例

12 種類株式を活用した事業承継

1. 種類株式活用の場面

　非上場会社のオーナーは、自分の財産の大半を会社の資本として投入し、結果として主な相続財産が自社の株式のみとなってしまっているというケースがよくあります。

　以前であれば、その残された自社の株式を相続人が単純に遺産分割するということになっていたわけですが、近年改正された種類株式を活用することにより、会社の経営権と議決権を分離した遺産分割または生前の贈与が可能となりました。

　例えば、上記のように相続財産の大半が自社の株式であり、そろそろ世代交代をしようとしているオーナーがいたとしましょう。

　しかし、オーナーが後継者候補としている長男と、次男はあまり仲がよくありません。長男は会社の役員としてこれからも会社経営に邁進していくようですが、次男は自分で会社を立ち上げたため、オーナーの会社を継ぐことにはあまり関心がないようです。

　このまま長男にだけ、自社の株式を相続させようとすると "争続" が発生する可能性が大いにあります。

2. 具体的な種類株式の活用

　1. のような場合に有効な手段となるのが種類株式の活用です。様々な種類株式のうち1. の場合に有効と考えられるのは、配当優先株式と議決権制限株式です。

①配当優先株式・議決権制限株式

　配当優先株式は、会社が配当する金額を普通株式より優先して配当優先株式保有者に多く支払うといったものです。

　議決権制限株式は、株主総会における議決権について、一部の議案または全部の議案で議決権を制限できる株式です。

　この配当優先株式と議決権制限株式を組み合わせることにより、次男に渡す株式については、会社の議決権はないが、配当は多くもらえるという株式にすることができます。

　その結果、長男は経営権を侵害されることなく、会社を継ぐことができます。

　また、次男についても経営権はないものの、会社の配当が多寡に入ってくるため、遺産分割に不満を言うこともないでしょう。

②拒否権付株式（黄金株）

　さらに、長男の会社経営がまだ不安だと思う場合には、拒否権付株式（いわゆる黄金株）の設定も有効です。

　拒否権付株式とは株主総会等の決議事項のうち一定事項の決議に対し、拒否権を持つ株式です。

　一定事項としては、合併等の組織再編行為・定款の変更・解散等の重要な事項、その他役員の専任等についても拒否権を定めることができます。

　ただし、拒否権付株式は決議に対して拒否権を有するだけですので、積極的に決議（会社経営）に関与できないという点については注意が必要です。

1．承継後の経営安定対策

種類株式の導入で経営権と財産権をコントロール

ご提案のポイント

・相続財産の構成を把握し、自社の株式が大半を占めているオーナーには種類株式の導入を提案しましょう。
・種類株式の導入により得られる効果は経営権と財産権のコントロールです。

〈前提条件〉

（1）オーナーの相続財産

　　① 株式　5万株　評価額5億円

　　② 預貯金　5千万円

（2）オーナーの株式所有割合……100％

（3）親族…長男（後継者）、次男

【均等に遺産分割する場合】

	長男	次男
株　式	2.5億円	2.5億円
預貯金	0.25億円	0.25億円
計	2.75億円	2.75億円
議決権割合	50％	50％

→【結果】

　財産の価額に着目すると均等に分割されており、長男次男間で不満はないこととなりました。
　しかし、会社の議決権は50％ずつとなってしまい、長男は会社の経営権に不安が残る状態で会社を継ぐ形になってしまいました。

【長男に議決権を集約した場合】

	長男	次男
株　式	5億円	－
預貯金	－	0.5億円
計	5億円	0.5億円
議決権割合	100％	0％

→【結果】

　長男は会社の議決権を100％所有することができましたので、その後安心して会社経営をできる形となりました。
　しかし、次男は自分がもらった財産が少なく、遺産分割に納得ができなかったため、最終的には未分割のまま相続税申告をすることとなってしまいました。

【次男に渡す株式を種類株式にした場合】 → 【結果】

	長男	次男
株　式	2.5億円	2.5億円
預貯金	0.25億円	0.25億円
計	2.75億円	2.75億円
議決権割合	100％	0％

　配当優先株式と議決権制限株式を組み合わせた株式を次男に分割することにより、長男は議決権を100％所有することができました。
　また、次男についても均等に財産が分割され、かつその後、会社の配当も多く入ってくるということで納得して遺産分割ができる結果となりました。

第2章　事業承継提案事例

13 信託を活用した事業承継

1．信託の仕組み

信託の基本的な仕組みとして、まず以下の3人の当事者が登場します。
①委託者：財産を預ける人
②受託者：財産を預かる人
③受益者：預けられた財産から生じる利益を得る人

財産が信託されると、その財産の所有権は①委託者から②受託者へ移転します。ただし、その信託財産の経済的な価値（株式であれば配当を受ける権利等）は③受益者のものとなります。

税務上は、経済的な価値を持つ受益者を所有者とみなします。そのため、①委託者と③受益者が異なる信託を設定すると、①委託者から③受益者への贈与があったものとみなして、③受益者に贈与税が課税されます。

2．自己信託

オーナー自らが①委託者兼②受託者となる信託を自己信託といいます。

オーナーが自社株を自己信託すると、株式の所有者（名義人）は②受託者に帰属しますので、議決権の行使は②受託者であるオーナーが行います。しかし、経済的な価値である配当を受ける権利は③受益者である後継者へ移転しますので、この段階で後継者に贈与税が課税されます。

3．自己信託の終了

オーナーの相続発生のタイミングで自己信託を終了させることで、後継者が名実ともに株主となります。

自己信託の設定時に贈与税が課税されていますので、相続時精算課税贈与または相続開始前3年以内の贈与に該当しない限り、信託終了時に相続税の対象とはなりません。

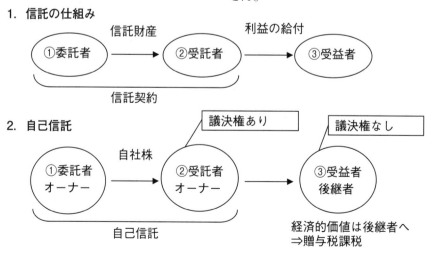

1. 承継後の経営安定対策

自己信託の活用
~オーナーに議決権を残したまま自社株を後継者へ移転~

ご提案のポイント

・自社株の評価額が下がったタイミングを逃さずに後継者へ自社株を贈与することが税金負担を抑える対策として有効な方法ではあるものの、「後継者がまだ若い」などの理由から自社株を贈与してしまうことに不安を抱えるオーナーもいるかと思います。その場合には、自己信託を活用することで、オーナーに議決権を残したまま自社株の財産権を後継者へ移転することが可能となります。

(1) 自己信託の設定時

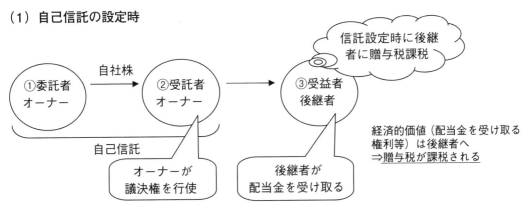

・自社株の名義人はオーナーのままであり、オーナーが議決権を行使することができます。
・配当金を受け取る権利は後継者へ移転し、後継者に贈与税が課税されます。

(2) 自己信託の終了時

・オーナーの相続発生のタイミングで自己信託を終了させ、名実ともに後継者が株主となります。
・自己信託の設定時に贈与税が課税されているため、信託終了時に相続税の対象とはなりません[注]。

 (注) 相続時精算課税贈与または相続開始前3年内の贈与に該当する場合には相続税の対象となります。

(3) 効果

・自社株の評価額が下がったタイミングで自己信託の設定を行うことにより、将来的な自社株の評価額の値上がりを気にすることなく経営に集中することができ、オーナーが引き続き議決権を行使することができます。

第2章 事業承継提案事例

14 会社分割による事業承継 ～兄弟2人に分割して相続させる～

1．後継者が1名でない場合

後継者候補が兄弟2名であり、その仲が悪いと、将来経営に支障が出るかもしれません。また、今は仲が良くても、経営方針の違いなどにより、将来関係が悪化するかもしれません。すでに2名とも経営に参画している場合には、後継者を1名に絞ることもできません。

このような場合には、会社分割により会社を2社に分けて、創業者の株式を兄弟にそれぞれ承継することにより解決することができます。

2．会社分割

会社分割とは、1つの会社を2つの会社に分ける組織再編成の手法で、会社の一部を切り離し、切り離した会社の対価として株式を分割前の会社に割り当てる「分社型分割」と、株式を分割前の会社の株主に割り当てる「分割型分割」があります。創業者Aの子である兄Bと弟Cの2名がX社の後継者候補であるケースでは、「分割型分割」の手法によりX社からY社を切り離し、その対価として創業者AがY社株式を取得し、X社株式、Y社株式をそれぞれ兄B、弟Cにと承継することとなります。

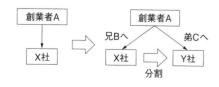

3．適格・非適格分割

会社分割により資産や負債を移転する場合、税務上は、原則として含み損益を反映した時価で移転しますが、一定の要件を満たす場合には、帳簿価額で移転することとなります。この一定の要件を満たす分割を適格分割といい、それ以外を非適格分割といいます。

非適格分割により、X社が含み益を抱えた資産をY社に移転した場合には、X社において所得が増加するため、会社分割を行う場合、適格分割か非適格分割か、移転する資産に含み損益があるかどうかを確認することが大切です。

4．種類株式の導入

すでにX社の株式が兄Bと弟Cに分散しているケースで分割型分割を行うと、兄弟2名ともにY社株式が割り当てられてしまいます。このような場合には、無議決権株式などの種類株式を導入することにより解決することができます。

X社、Y社の株式をそれぞれ兄B、弟Cが所有することとなった場合、弟CのX社株式、兄BのY社株式を普通株式から無議決権株式に変更することで、X社及びY社の議決権は、それぞれ兄Bのみ及び弟Cのみが持つこととなります。

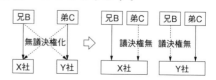

1．承継後の経営安定対策

完全な別会社としてのスタートが可能

ご提案のポイント

・事業譲渡の場合、資金繰りに課題が生じるほか、含み益に対する課税が生じます。
・会社分割の場合、含み益に対する課税や資金繰りの課題が生じず、完全な別会社として承継することができます。

＜前提条件＞

・X社の簿価純資産額10億円。うち、切り離すL部門4億円（含み益1億円）。
・事業譲渡にあたり設立する受け皿会社Y社の設立資本金は1円。
・事業譲渡の場合の事業譲渡代金は5億円。同額をX社が全額Y社に貸し付ける。
・分割型分割によりL部門を切り離しY社を設立する場合の会社分割比率は1：1。
・適格分割の要件を満たす。法人税等の税率は35％。
・X社とY社間で、グループ法人税制の適用はないものとする。

＜事業譲渡前のB/S＞

X社B/S　　（単位：千円）

科目	金額	科目	金額
諸資産	1,000,000	純資産	1,000,000

Y社B/S　　（単位：千円）

科目	金額	科目	金額
諸資産	0	純資産	0

＜事業譲渡後＞

X社B/S　　（単位：千円）

科目	金額	科目	金額
諸資産	565,000		
貸付金	500,000	純資産	1,065,000

Y社B/S　　（単位：千円）

科目	金額	科目	金額
諸資産	500,000	借入金	500,000

・X社では含み益を加味した5億円諸資産が減少し、同額の貸付金が生じます。また、含み益に対する法人税等35,000千円（＝含み益100,000千円×法人税等税率35％）分、諸資産が減少します。
・Y社では、含み益を加味した5億円の諸資産が増加し、同額の借入金が生じます。この借入金をどのように返済していくかが課題となります。

＜会社分割後＞

X社B/S　　（単位：千円）

科目	金額	科目	金額
諸資産	600,000	純資産	600,000

Y社B/S　　（単位：千円）

科目	金額	科目	金額
諸資産	400,000	純資産	400,000

・X社から簿価で諸資産を切り離すため、含み益に対する課税が生じません。
・X社とY社との間での債権債務関係も生じないため、完全な別会社として再スタートすることができます。

第2章　事業承継提案事例

15 役員退職金を活用した事業承継

1. 役員退職金の株価引下げ効果

　役員退職金を支給した場合には、退職金支給年度終了後1年間は株価が引き下がることになります。そのため、退職金を支給した後、翌期1年以内にオーナーから後継者へ株式を贈与した場合には、後継者の贈与税負担が大幅に軽減することになります。

　取引相場のない株式の評価については、原則として類似業種比準価額方式と純資産価額方式という2つの方式またはこれらの折衷方式により行われます（詳細は第3章 35 をご参照ください）。このうち、類似業種比準価額方式については直前期の利益等の数値を基に算出することになるため、役員退職金という多額の損失を計上することにより、株価が大きく引き下がることとなります。とりわけ会社規模の判定により大会社となり、その会社の株式を類似業種比準価額方式のみにより評価することとなった場合には、その引下げ効果は大きくなります。

　また、役員退職金は多額の現金支出を伴うこととなるため、内部留保の取り崩しにつながることとなることから、株価評価のうち純資産価額方式についても同じく引き下げる効果があります。

　このように、役員退職金の支給と株価対策は密接に結びついており、役員退職金支給の翌期1年間は株式を後継者に承継する絶好のタイミングとなります。

2. 役員退職金の課税関係

　また、役員退職金については支給を受けるオーナーの所得税負担が少ないことから、オーナーの手元に多額の現金を残すことができるというメリットもあります。

　すなわち、所得税法上、退職所得については退職後の生活を保障するという側面を有するものであることから、他の所得と比し税負担が低く抑えられています。

　具体的には、退職所得にかかる税額は以下のとおりとなります。

$$(退職金 - 退職所得控除額^{※}) \times \frac{1}{2} \times 税率$$

※退職所得控除額は以下のとおりです
①勤続年数20年以下
　40万円×勤続年数
②勤続年数20年超
　800万円 + {70万円×(勤続年数 − 20年)}
　（注）役員任期が5年以下の場合には、$\frac{1}{2}$を乗じることができません

　退職金についてはこのように税負担が少ないため、オーナーの手元にも多額の現金を残すことができ、その現金を相続税の納税資金対策や遺留分対策等に充当することが可能となります。

2. 自社株対策　(1)株価対策

退職金額を決定し、資金調達方法を検討

ご提案のポイント

・役員退職金については一般的に多額の資金が必要となることから、事前にどのような資金調達方法をとって賄うのかを検討する必要があります。そのためにまずは、役員退職金として将来いくら必要となるのか、また税務上否認されないよう役員退職金規程が整備されているかを把握する必要があります。

〈役員退職金の一般的な算定方法〉

① 功績倍率法
最終報酬月額×在任年数×功績倍率（＋功労加算）
② １年当たり平均額法
比較法人の１年当たり平均退職金額×在任年数
③ 役位別定額法
役位別定額×役位別在任年数

　役員退職金については一般的に多額の資金が必要となります。そしてその退職金相当額が税務上確実に損金に認められるためには、未払計上せずに一括で支給することが望まれます。そのため、役員退職金の支給については事前の資金調達方法の検討が重要になります。具体的には、運転資金に影響を与えないよう前もって保険で外部に資金を積み立てたり、金融機関からの融資を受けることを検討しなければなりません。そのためにまず必要なことは、将来役員退職金がいくらになるかを把握することとなります。

　税務上、役員退職金の適正額の目安として一般的に用いられるのは上記の、①功績倍率法、②１年あたり平均額法、③役位別定額法の３つとなります。役員退職金については「著しく高額である」と判断された場合には過大役員退職金として法人税の損金に算入できないおそれがありますので、役員退職金の支給予定額がこの３つの方法により算定された金額の範囲内であるか否かを確認する必要があります。もちろん、過大役員退職金の判断については最終的には支給金額と諸々の事情（法人の業務に従事した期間、退職の事情、その法人と同種の事業を営む法人でその事業規模が類似するものの役員に対する退職給与の支給の状況等）を加味した実態で判断することとなるため、上記の方法により算定された金額の範囲内であっても過大役員退職金の認定を受ける場合もあるため注意が必要です。

　また、役員退職金が税務上否認されないためには、役員退職金規程や株主総会での決定等の手続きを確実に踏む必要もあります。そのため、役員退職金規程がなかったり不十分である場合には、あわせて事前にその整備を行う必要があります。

第2章　事業承継提案事例

16 設備投資減税（中小企業経営強化税制）を活用した事業承継

1．設備投資で自社株の評価減

中小企業経営強化税制の適用を受け、一定の固定資産を購入して、事業供用した場合、その事業年度に即時償却（全額費用計上）することができます。

自社株評価のうち類似業種比準価額方式は、利益の増減に応じて、株価が変動するため、類似業種比準価額が高い会社は、中小企業経営強化税制の適用を受けることにより、利益を大幅に圧縮し、株価を引き下げることが可能です。

2．中小企業経営強化税制とは

①制度の概要

青色申告書を提出する中小企業者等が、指定期間内に、経営力向上計画に基づき一定の設備を新規取得等して指定事業の用に供した場合、即時償却または取得価額の10％（資本金3,000万円超1億円以下の法人は7％）の税額控除を選択適用することができる制度です。

即時償却を選択することで、株価を引き下げることが可能になります。

②要件

中小企業経営強化税制の主な要件は、下記のとおりです。

・経営力向上計画について認定を受けた法人であること
・指定事業の用に供される機械装置、工具、器具備品、建物附属設備またはソフトウェアを取得等すること

・生産性向上設備（A類型）または収益力強化設備（B類型）に該当すること
・一定の金額以上の資産であること
・取得資産について、認定を受けた経営力向上計画に記載されていること

③具体的な手続

・A類型（証明書等取得タイプ）
(1)工業会の証明書を入手
(2)経営力向上計画の申請および受理・認定
(3)設備の取得・事業供用
・B類型（経産局事前申請タイプ）
(1)経産局に投資計画の確認書を申請し、確認書を入手
(2)経営力向上計画の申請および受理・認定
(3)設備の取得・事業供用

※設備取得後に、経営力向上計画を申請する場合には、設備取得から60日以内に経営力向上計画が受理される必要があります（事業年度を超えて認定を受けた場合、税制の適用を受けることはできません）。

3．スケジュールの確認が重要

事前準備を含めると、かなりの時間がかかる場合が想定されますので、タイムスケジュールをよく確認しておく必要があります。

2. 自社株対策 (1)株価対策

設備投資額を全額費用計上して、株価を引下げ
～設備投資により類似業種比準価額を下げる～

ご提案のポイント

・類似業種比準価額による評価のウェートが高い会社については、中小企業経営強化税制（即時償却）の適用を受けることで、株価を引き下げることができます。

1. 現状

（単位：円）

項目	類似業種	自社
株価	2,000	－
配当	40	50
利益	400	500
純資産	2,000	2,500

※1株当たりの資本金等の額　500円

一株当たりの類似業種比準価額は、

$$2,000円 \times \frac{\left(\frac{50}{40} + \frac{500}{400} + \frac{2,500}{2,000}\right)}{3} \times 0.7 \times \frac{500}{400} = 17,500円$$

2. 設備投資について、中小企業経営強化税制（即時償却）の適用を受けて、利益がゼロ

（単位：円）

項目	類似業種	自社
株価	2,000	－
配当	40	50
利益	400	0
純資産	2,000	2,500

一株当たりの類似業種比準価額は、

$$2,000円 \times \frac{\left(\frac{50}{40} + \frac{0}{400} + \frac{2,500}{2,000}\right)}{3} \times 0.7 \times \frac{500}{50} = 11,667円$$

3. 上記2に加え、さらに無配当

（単位：円）

項目	類似業種	自社
株価	2,000	－
配当	40	0
利益	400	0
純資産	2,000	2,500

一株当たりの類似業種比準価額は、

$$2,000円 \times \frac{\left(\frac{0}{40} + \frac{0}{400} + \frac{2,500}{2,000}\right)}{3} \times 0.7 \times \frac{500}{50} = 5,833円$$

　上記の図表から分かるように、設備投資を行い、利益を圧縮することで、類似業種比準価額は下がります。

　上記の類似業種比準価額の金額は、1株当たりの金額なので、株式数を考慮すると効果は絶大です。さらに、上記3のとおり、無配当の場合には、さらに類似業種比準価額は下がります（この場合、特定の評価会社になるケースがあるため注意が必要です）。

　法人所得の計算上も、設備投資額の全額が損金算入されるため、法人税等の負担も軽減されます。また、中小企業経営強化税制の適用を受けた法人は、税制措置だけでなく、金融支援においても優遇されています。

　このように、自社株の評価が下がったタイミングで、後継者に自社株を譲渡または贈与すると、少ない税負担で次世代に株式を移転することができます。

第2章　事業承継提案事例

17　従業員持株会を活用した事業承継

従業員持株会制度とは、福利厚生を目的として、従業員が自社株を取得・保有する制度をいいます。非上場会社が、この制度を導入する大きな理由として、オーナーの相続対策があげられます。

オーナーの所有する株式は、原則的評価方式により高く評価され、相続税が高額になる可能性があります。そこで、従業員持株会を設立し、自社株を譲渡すれば、オーナーの持株数は減少します。そして、従業員に自社株を譲渡する際は、配当還元価額による移動が可能であるため、従業員持株会に自社株を譲渡することで、オーナーの相続財産は減少します。

1．設立のメリット

① 安定株主の確保、株主多数化の防止
② 売却希望株式の受け皿的機能
③ 社員の目標形成、経営参画意識の高揚
④ 会社オーナー自社株評価の引下げ

2．設立、運営のポイント

① 従業員持株会への参加資格を規約上に明記する。
② 従業員持株会は任意組合…理事長名義で管理信託されることによる事務の合理化、配当控除の適用
③ 従業員持株会の持株比率はオーナー一族の会社の経営権に影響を及ぼさない範囲内とし、勤続年数や職位等によってランク別に割当を行う。
④ 株式の売買価額は、配当還元価額を原

則とする。退会時の買取り価額は明確にしておかないとトラブルのもとになる。
⑤ 「社員」と「役員」の区別を明確に行う。

3．持株会規約のポイント

次に従業員持株会規約のポイントについて述べますと、①参加メンバーの資格と脱退時期、②自社株式の売買価額の2つが主として内規となります。

一般的には、参加者は入社何年以上、または相応の役付以上などの決め方が多く、脱退は退職時点です。一方、売買価額は配当還元価額が適用されますから、配当5～10％のときは額面相当金額とし、15％の時は額面相当金額の1.5倍といった決め方が妥当なところです。

なお、自社株を会社が取得し従業員持株会に譲渡することも可能ですから検討をおすすめします。

4．種類株式の活用

従業員持株会へ株式を拠出しながらも、オーナーの経営権を維持するための対策として、配当優先無議決権株式を導入することも検討できます。

配当優先無議決権株式は、優先的な配当を行うことを条件として、例外的に議決権を認めない、というものです。オーナーの会社支配権に影響を及ぼさないことが利点です。

2. 自社株対策 (1)株価対策

従業員持株会により自社株式の相続税評価額を下げる
～従業員の福利厚生に役立つ財産形成～

ご提案のポイント

・オーナー社長の持株を従業員持株会設立により、同会に発行株式数の20％（20,000株）を譲渡します。同会への売却価額は、同族株主以外ですので、配当還元価額での譲渡が可能となります。
・これにより、社長には譲渡代金が入り、従業員には福利厚生対策の一石二鳥となります。

＜貴社の状況（例）＞

資本金…5,000万円

発行済株式数…10万株

社長の自社株評価額…1万円

配当還元価額…500円

株主構成…社長100％

以上のような状況において、社長が持株の20％を放出して、従業員持株会を設立すると、社長から従業員持株会への株式売却価額は、配当還元価額によるものとし、この場合は500円になります。

（売却前）
社長の自社株評価
　　1万円×100,000株＝100,000万円
（売却後）
株式1万円×　80,000株＝　80,000万円
現金500円×　20,000株＝　　1,000万円
合計　　　　　　　　　　　81,000万円

相続税評価額　　　　　　　　（単位：万円）

売却前	売却後	増減
100,000	81,000	▲19,000

よって、資金流出がほとんどなく、相続税評価額が約2割引き下がる結果となります。また、オーナーの株式譲渡所得に対する課税関係は、取得価額と売却価額が等しいことから、発生しません。

なお、相続財産は自社株のみ、配偶者、子供2人で相続となり、各相続人が法定相続分で取得した場合、第1次相続、第2次相続合計では、次のとおり約25％引き下げることができます。

相続税額　　　　　　　　　　（単位：万円）

売却前	売却後	増減
33,020	24,465	▲8,555

第2章　事業承継提案事例

18 一般社団法人を活用した事業承継

1．一般社団法人の特徴

　一般社団法人は、普通法人のような出資持分がない、つまり株主がいないというのが大きな特徴です。法人の支配権は社員に帰属することとなります。また、一般社団法人が利益を出しても、その剰余金を社員に分配することはできず、解散の場合の残余財産の帰属についても、社員に分配するという定款の定めもできません。ただし、解散の場合、残余財産の帰属が定まらないようなときは、最終的に社員総会の決議により社員に分配することが可能となっています。

2．事業承継対策としての活用

　一般社団法人を活用した事業承継対策として、以下のような活用法があります。

　(1)維持できなくなった従業員持株会からの買取りや少数株主からの買取りに活用できます。従業員等の少数株主からの買取りについては、配当還元価額による買取りが可能です（ただし、理事を経営者一族で固める場合、配当還元価額による取得には課税のリスクが生じます）。

　(2)一般の株式会社と同様に持株会社として活用できます。経営者の株式を一般社団法人に売却することで、経営者一族の財産からの切離しが可能です。株式会社等で経営者の保有する株式を買い取った場合には、将来的に保有する子会社の株価が上昇すれば結果的に持株会社の株主の財産が増加することになります。一方、先述のとおり、一般社団法人には持分がありませんので、将来、保有する株式の値上がりによる財産価値の増加（相続税増加）を避けることが見込めます。

3．2018年度税制改正の影響

　2018年度税制改正により、実質的に同族経営の一般社団法人（非営利型を除く）は同族理事の数が2分の1超、または相続開始前5年以内において2分の1超となる期間の合計が3年以上ある場合には、一般社団法人に相続税が課税されることになりました。

　上記の同族理事には、一般社団法人の理事のうち、「被相続人またはその配偶者、3親等内の親族その他の被相続人と特殊の関係のある者」が含まれます。また、特殊の関係のある者には被相続人が会社役員となっている他の法人の役員や使用人が含まれますので、経営者が代表を務める同族会社の役員や従業員も上記2分の1超の判定に含まれることに留意が必要です。

（注）2018年4月1日以後の相続税について適用（2018年3月31日以前に設立された一般社団法人については、2021年4月1日以後の相続税について適用）

持株会社として活用することで
事業承継対策として有効

> ご提案のポイント
>
> ・出資持分がないため経営者一族の財産からの切り離しができます。

<対策>持株会社としての活用

　対策の効果としては、経営者一族は株式を一般社団法人に譲渡することで自身の財産から切り離しができるため、将来、株価が上昇しても自身や親族の財産が増加することはないことになります。

　一方で、留意点として、税務上の適正価額よりも著しく低額で譲渡を行った場合には、売主に対してみなし譲渡課税（時価による課税）、一般社団法人側でも受贈益に対し法人税が課税されることになります。また、相続税の負担を不当に逃れるために贈与や遺贈を行った場合には、一般社団法人を個人とみなして相続税や贈与税が課税されるおそれがありますので、経営者の株式を一般社団法人に譲渡する際には、譲渡所得税以外に相続税・贈与税にも注意が必要です。

<2018年度税制改正の影響>

　これまでは、一族で実質支配する一般社団法人へ株式を移転した後、役員の交代による支配権の移転を通じて子世代に実質的に財産の承継を行うといった対策が可能でした。ただし、2018年度税制改正により、実質的に同族経営の一般社団法人の場合（同族理事の数が理事総数の2分の1超）には、相続発生時に一般社団法人に相続税が課税されることになりました。したがって経営者一族の株式を税務上の適正価額で譲渡した場合であっても、改正後は一般社団法人へ経営者一族の株式を移転する事業承継対策を実行する場合には、同族理事の割合を2分の1以下とするなど注意が必要です。

第2章　事業承継提案事例

19 組織再編（合併等）を活用した事業承継

1．取引相場のない株式の評価における会社規模拡大によるメリット

　取引相場のない株式の評価は、会社の総資産や取引高、従業員数等の会社規模に応じて類似業種比準方式、純資産価額方式、またはその折衷方式より行なわれますが、類似業種比準方式による評価額が、純資産価額方式による評価額を下回ることが一般的です。また、会社規模が大きくなるほど、類似業種比準方式の割合が高くなります。会社規模が大会社である会社の株式は、類似業種比準方式100％で評価することとなります。

2．合併による会社規模の拡大

　オーナー1人で2社の株式を保有しており、かつ2社とも株式評価における中会社や小会社であるようなケースでは、2社を個別に評価すると、2社ともに類似業種比準方式と純資産価額方式の折衷方式による評価額となります。そこで、適格合併により2社を合併し、会社規模が大きくなれば、評価額に占める純資産価額方式の割合が低くなります。会社規模が大会社になれば、類似業種比準方式のみで評価を行うため、評価額が引き下がる場合があります。

3．合併による債務超過の取込み

　オーナー1人で2社の株式を保有しており、かつ1社が債務超過会社であるようなケースにおいて、2社を個別に評価を行う

と、債務超過会社の株式はマイナス評価ではなくゼロ評価となります。

　しかし、合併により債務超過会社の資産・負債を取り込むことで、合併法人の純資産方式による評価額が引き下がります。また、類似業種比準方式における1株あたり純資産額等の要素も引き下がります。

4．留意事項

　合併等により会社規模を拡大したとしても、合併法人が株式保有特定会社（相続税評価額ベースでの総資産に占める株式等の割合が50％以上であるような会社）や、土地保有特定会社（大会社では、相続税評価額ベースでの総資産に占める土地等の割合が70％以上であるような会社）である場合は、類似業種比準方式で評価を行うことができません。また、比準要素数1の会社（類似業種比準方式における3つの比準要素のうち2つがゼロである会社）は、類似業種比準方式の割合が25％となりますので、注意が必要です。

　また、合併後3年間は、原則として類似業種比準方式による評価を行うことはできません。

2. 自社株対策 (1)株価対策

合併により会社規模を拡大し株価引下げ

ご提案のポイント

・合併した場合、類似業種比準方式の割合が上昇し、株価が下がる場合があります。
・ただし、合併後3年間は、原則として類似業種比準方式が使えないため、注意が必要です。

＜前提条件＞
・オーナー1人でX社、Y社株式を保有
・合併後、X社は大会社となる
・適格合併の要件を充たす

1. 合併前

項目	X社（合併法人）	Y社（被合併法人）	合計
会社規模	中会社（0.75）	中会社（0.75）	
類似業種比準方式（円／株）	600	700	
純資産価額方式（円／株）	8,000	7,000	
株式評価額（円／株）	2,450	2,275	
発行済株式数（千株）	100	100	
評価総額（千円）	245,000	227,500	472,500

2. 合併から3年経過後

項目	X社（合併法人）	－	合計
会社規模	大会社		
類似業種比準方式（円／株）	1,300		
純資産価額方式（円／株）	15,000		
株式評価額（円／株）	1,300		
発行済株式数（千株）	100		
評価総額（千円）	130,000		130,000

合併により会社の事業利益等が増加した場合、類似業種比準方式による評価額が増加することが見込まれますが、純資産価額方式による評価額が株式評価額に反映されないため、結果として株式評価額が減少することとなります。

第2章　事業承継提案事例

20 中小企業投資育成を活用した事業承継

1．投資育成会社とは

投資育成会社とは、「中小企業投資育成株式会社法」に基づいて設立された中小企業の自己資本充実を図るための政策機関をいいます。具体的には、東京中小企業投資育成株式会社、大阪中小企業投資育成株式会社、名古屋中小企業投資育成株式会社の3社です。これら各社の主な業務は、ベンチャービジネスへの投資です。ベンチャービジネスに資本参加することで将来の株式公開を含む中小企業のさらなる発展の手伝いを行います。

2．資本参加の方法

投資育成会社が資本参加する場合の方法は、原則として資本金が3億円以下の株式会社を対象に、第三者割当による増資新株の引受けにより行われます。引受限度は増資後の発行済株式総数の50％以内の範囲ですが、30％程度が一般的です。

引受けの際の価額については、第三者が引き受ける場合の一般的な評価方法である、純資産価額方式や収益還元方式などにより算定した価額によるものではなく、投資育成会社の採用する独自の評価方式に基づくものです。この引受け価額については、国税当局との間で適正な価額としての合意がなされているため、課税が生じることはありません。評価は次の算式で行われます。

$$評価算式 = \frac{1株当りの予想純利益 \times 配当性向}{期待利回り}$$

算式のうち1株当り予想純利益や期待利回りは一定の評価基準に基づいて算定されます。特徴としては、配当性向に着目した、収益還元方式となっており、純資産の多寡はほとんど加味されません。

3．支配権との関係

引受け割合が50％以内の範囲内と述べましたが、50％もの持株になると経営の安定が図れないのではないか、と心配になります。これについては、企業育成のための政策機関ということもあって、株主総会には参加しても経営には干渉しないことになっています。

4．増資後の株価

上述したように投資育成会社の資本参加自体、中小企業の育成を目指したものであって、自社株対策とは別の問題です。増資後の自社株の評価はどうなるでしょう。例えば持株割合が50％となるような増資がされた場合、増資後の総株式数は増資前の2倍です。一方、引受け価額については、財産評価上の原則的評価方式（類似業種比準価額や純資産価額）よりも一般的に低いことを考えますと、純資産価額はあまり増えていないことになります。つまり、結果として1株当りの評価額が引き下げられることになります。

2. 自社株対策 (1)株価対策

評価額が下がる第三者割当増資

ご提案のポイント

・経営陣の "与党株主" として株式が分散した会社の経営権の安定化が図れます。

・投資育成会社による株式の引き受けにより、株主の持株比率が下がることで、増資後の株式評価が下がる場合があります。そのため、株式引き受けに際しては、あらかじめ既存株主の了解を得ておくことに留意が必要です。

・支配権を維持したまま事業承継対策を考える場合には、株式を無議決権株式にする、引受株式数を制限するなど、保有割合の変化による支配関係のバランスを確認する必要があります。

〈前提条件〉 原則的評価方式が純資産価額による評価の場合

・株主構成（持株割合）

　①社長甲（創業者）：40%

　②従業員持株会　　：30%

　③取引先（複数）　：30%

・増資前発行済株式数 10 万株、純資産価額 20 億円

・第三者割当株式数　50,000 株（発行価額@ 3,500 円）

区　　分	増資前	（投資育成会社による増資）	増資後
1 株あたり純資産価額 発行済株式数 純資産価額	@ 20,000 円 10 万株 20 億円	@ 3,500 円 5 万株 1.75 億円	@ 14,500 円 15 万株 21.75 億円
社長甲（創業者） 評価額	保有割合 40% 8 億円	保有割合　約 14%減少 株式評価　約 2.2 億円減少	保有割合 26.66% 5.8 億円

　投資育成会社が増資による新株式 50,000 株を全て引き受けることで、オーナーの持株割合は減少します。増資前 40%だったものが増資後は 26.66%（＝ 40,000 株÷ 150,000 株）になります。つまり、14%相当の財産価値が持株割合の減少を通して投資育成会社へ移転しています。

　さて、この移転をどう考えるかです。財産とは所有権、使用権、処分権を含んだものです。投資育成会社が形式的には一定の持株割合を有することになりますが、支配権を行使しない以上、株を他に売却等しなければ実質的な財産移転はないとも考えられます。ぜひ、検討してみてください。

第2章　事業承継提案事例

21　金庫株を活用した事業承継

1．相続税の納税資金確保と金庫株特例

　非上場会社のオーナーに相続が発生した場合には、多くの場合、相続財産の大部分がその非上場会社の株式となります。とりわけその非上場会社の株価が高額である場合には、相続税が高額となる一方で換金性のある財産が不足していることから納税資金を確保することができず、株式を相続する後継者が相続税を納税することができないという事態が生じることがあります。

　このような事態が生じた場合の対策として、その非上場会社に金庫株（自己株式）として相続した株式を買い取ってもらうことにより、その株式の譲渡代金をもって納税資金に充当するという方法があります。

　通常、株式をその発行会社に譲渡した場合には、資本金等の額を超える部分の対価については「みなし配当」として、配当金課税が行われます。しかしながら、以下の要件を満たす者が、相続により取得した自社株を発行会社へ譲渡した場合には、配当金課税が行われず、全額が譲渡所得となり、所得税負担が軽減されることとなります。

　＜金庫株特例の要件＞
　①相続または遺贈により財産を取得し、納付する相続税があること
　②相続税の申告期限後3年以内に譲渡すること

2．相続税の取得費加算の特例

　また、相続財産を相続税の申告期限後3年以内に譲渡した場合には、譲渡所得の計算上控除する取得費に、譲渡した資産に対応する相続税が加算され、譲渡所得税の負担を軽減することができます。そのため、自社株を相続申告期限後3年以内に発行法人へ譲渡を行った場合には、後継者は前述の金庫株特例のみでなく相続税の取得費加算の特例を受けることができ、株式譲渡に係る所得税の負担をさらに軽減することが可能となります。

3．会社法上の注意点

　金庫株活用による納税資金対策において注意しなければならない点は、金庫株による株式取得はその内容を他の株主に通知を行う義務があるということです。

　会社法上、特定の株主から自己株式の取得を行う場合には、他の株主にその旨の通知を行う必要があります。そのため、外部株主がいる場合には、株式の買取価額等の内容を知られてしまうこととなり、後々の株主対策に大きな影響を与えるリスクがあることから、慎重な判断が必要となります。

　また、会社法では分配可能額を超える自己株式の買取は禁止されています。金庫株による納税資金対策を検討する場合には、事前に自社の分配可能額がいくらであるのかもあわせて検討する必要があります。

2．自社株対策　(2)納税資金対策

相続人からの株式買取資金の調達方法を事前に検討しておく

ご提案のポイント

・金庫株の特例の適用により相続税の納税資金対策を行うことが可能となります。ただしその場合には会社に株式の買取資金が必要となることから、事前に資金調達方法の検討を行う必要があります。

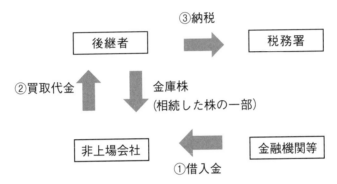

　金庫株による納税資金対策を行うためには、株式発行会社は株式の買取資金を準備する必要があります。すなわち、金融機関等からの借入により会社が資金調達を行い（上記①）、それを元手に会社は後継者から相続した株式の一部を買い取ります（上記②）。そしてその買取代金を元手に後継者は相続税等を納めることになります（上記③）。

　そのため重要なことは、後継者の納税額がいくらになるのか把握すること、そして会社の資金が現時点で不足しているのであれば、その資金調達をどのように行うのかを検討することです。とりわけ会社の資金調達については、突然相続が発生してしまった場合には選択肢に限りがありますが、相続発生前の状況であれば、金融機関からの融資の確認の他、解約返戻金の多い保険を活用して資金を準備することなど、事前に対策をすることが可能です。

　金庫株の特例を活用した納税資金対策を検討する場合には、運転資金に影響を与えないよう、会社に十分な株式の買取資金があるか、また不足している場合にはその資金調達方法を検討する必要があります。

第2章　事業承継提案事例

22 納税猶予制度を活用した事業承継

1．納税猶予制度とは

　納税猶予制度は、先代の経営者か所有していた株式及び会社の代表権を相続または贈与により後継者に移した場合に、一定の要件を満たしていれば、相続税や贈与税が猶予されるという制度です。

　2018年度税制改正により、2027年度までの10年間の特例措置が設けられました。以下は、上記特例措置以外の制度解説となります。

　新制度については、23・24を参照してください。

2．納税猶予制度の要件

　(1)適用対象会社は、中小企業経営承継円滑化法の中小企業者に該当し、資産管理会社には該当していない必要があります。また、適用対象会社は業種ごとに下記の資本金要件または従業員要件のいずれかを満たす必要があります。

業種	資本金	従業員数
製造業・建設業・運輸業等	3億円以下	300人以下
卸売業	1億円以下	100人以下
小売業	5,000万円以下	50人以下
サービス業	5,000万円以下	100人以下

　(2)先代経営者側の要件としては、①代表権を有していたこと、②株式の移動の直前において同族関係者と合わせて50％超の株式を保有しており、その同族関係者内（後継者を除く）で筆頭株主であること。

　(3)後継者側の要件としては、①会社の代表者であること、②同族関係者と合わせて50％超の株式を保有し、筆頭株主となることが必要になります。また、贈与税の納税猶予の適用を受ける場合には上記の要件に追加して後継者側は、20歳以上、かつ、役員就任から3年以上経過している必要があります。

3．納税猶予の効果

　(1)相続税の納税猶予の場合は、後継者が相続等により取得した非上場株式の発行済議決権株式総数の3分の2に達するまでの部分で、かつ、その部分に係る相続税の80％の納税が猶予されることになります。つまり、相続した自社株について全額免除されるのではなく、20％部分については納税が発生するので、注意が必要です。

　(2)贈与税の納税猶予の場合は、先代経営者が所有している株式を一括して贈与した場合に、贈与を受けた株式に対する贈与税が猶予されます。ただし、猶予されるのは、発行済株式数の3分の2に達する部分までなので、全株式を一括に贈与しても一部納税が発生してしまいます。この場合には精算課税を利用するなどの対策が必要になります。

2．自社株対策　(2)納税資金対策

納税猶予制度の活用で事業承継の資金面の課題をクリア

ご提案のポイント
・納税資金の確保は難しいが、雇用維持が今後もできる会社には、おすすめの制度です。
・納税猶予制度は、贈与の納税猶予から相続税の納税猶予へと切り替えることで、納税の猶予を継続して受けることが可能です。

＜贈与税の納税猶予の適用例＞
（前提条件）父から子へ自社株式を一括贈与し、子には株式の贈与以外はないものとする。
（1）株式の相続税評価額…1株10,000円
（2）発行済株式総数及び父の保有株式数…60,000株

【暦年贈与の場合】
　｛(60,000株×10,000円) − 110万円｝× 55% − 640万円 ≒ 3億2,300万円

【相続時精算課税贈与の場合】
　｛(60,000株×10,000円) − 2,500万円｝× 20% = 1億1,500万円

【納税猶予＋相続時精算課税贈与の場合】
　①発行済株式総数の3分の2分※（60,000株× 2/3 = 40,000株）⇒納税猶予
　②発行済株式総数の3分の1分※（60,000株× 1/3 = 20,000株）
　　⇒ 1億1,500万円 − ｛(40,000株×10,000円) − 2,500万円｝× 20% = 4,000万円
　※2018年度税制改正では3分の3が認められます

贈与税の納税猶予の適用を受けた贈与者が亡くなり、相続税の納税猶予に切り替わった場合には、後継者が猶予されていた贈与税は免除されることになります。また、贈与税の納税猶予の手続を受けた場合には、事業継続期間（5年間）は税務署や都道府県知事に毎年報告を提出する必要がありますので、忘れないようにしましょう。

贈与税の納税猶予のイメージ図

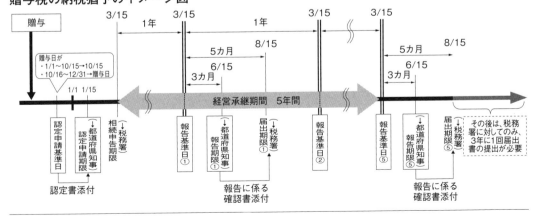

第2章　事業承継提案事例

23 新事業承継税制の概要（2018年度税制改正）

1．事業承継税制見直しの背景

　中小企業経営者の高齢化が進み、数十万者の中小企業が事業承継のタイミングを迎えようとしています。一方、中小企業庁の推計によれば、2023年までの間に、30万以上の中小企業・小規模事業者の経営者が70歳（平均引退年齢）になるにもかかわらず、その6割が後継者未定であり、70代の経営者でも事業承継に向けた準備を行っている経営者は約半数にとどまるようです。また、こうした中小企業等のうち黒字企業も一定数あるとみられます。現状を放置すると廃業の増加によって地域経済に深刻な打撃を与えるおそれがあり、中小企業の事業承継の円滑な実現は喫緊の課題であるといえます。

　こうしたなか、税制面から中小企業の円滑な事業承継を後押しするために創設された事業承継税制は、2008年10月の制度創設当初は利用件数が年間約170件程度と低迷していましたが、この間、現経営者の役員退任要件の見直し（現経営者が有給役員として残留可）や雇用維持要件の緩和（雇用の8割以上を「5年間毎年」維持から「5年間平均」に）といった制度改正が2015年1月に施行され、使い勝手が大幅に改善されたことで、改正施行以降は適用件数が大幅に増加しました（2015年以降の利用実績：年約400〜500件程）。

　さらに2018年度税制改正では、早期の経営承継を後押しして、円滑な事業承継が可能となるように、2027年度までの10年間の特例措置として適用要件のハードルをさらに下げるとともに、多様な経営引き継ぎの形態に対応した内容となっており、2018年4月の新制度施行後は、利用件数が数倍以上に増加することが予想されています（対象となる事業者は、年5,000〜7,000社と推計されています）。

2．2018年度税制改正の内容

　2018年度税制改正では、2023年3月までに特例承継計画を都道府県に提出し、2028年3月までに実際に承継を行う者を対象として、①対象株式数・猶予割合の拡大、②対象者の範囲の拡大、③雇用要件の弾力化、④新たな減免制度の創設、など従来の制度と比べ全体として抜本的に拡充した内容となっています。

①　対象株式数上限等の撤廃

　従前は、先代経営者から贈与・相続により取得した株式等のうち、議決権株式総数の3分の2に達する部分までの株式等が対象となります（贈与・相続前から後継者が既に保有していた部分は対象外）。また、相続税の納税猶予割合は80％であるため、実際に猶予されるのは全体の約53％（=2／3×80％）にとどまります。

　新制度では、対象株式数の上限を撤廃（3分の2⇒3分の3）し、猶予割合を100％に拡大することで、事業承継に係る金銭負担は実質ゼロとなりました。

② 対象者の拡充

従前は、1人の先代経営者から1人の後継者へ贈与・相続される場合のみが対象でしたが、新制度は、贈与者は先代経営者に限定せず、親族外を含む複数の株主から、代表権を持つ後継者（最大3人まで）への承継も可能になりました（複数人で承継する場合、その受贈者は議決権割合の10％以上を有し、かつ、議決権保有割合上位3位までの同族関係者に限ります）。

③ 雇用要件の抜本的見直し

従前は、事業承継後5年間平均で、雇用の8割を維持することが求められていました。仮に雇用8割を維持できなかった場合には、猶予された贈与税・相続税の全額を納付する必要があり、制度利用を躊躇する大きな要因にもなっていました。

新制度は、雇用要件を実質的に撤廃し、雇用要件を満たせなかった場合でも納税猶予を継続可能とする画期的な内容となっています（雇用要件を満たせなかった場合には理由報告が必要です。経営悪化が原因である場合等には、認定支援機関による指導助言を受ける必要があります）。

④ 経営環境変化に応じた減免

従前は、後継者が自主廃業や売却を行う際、経営環境の変化により株価が下落した場合でも、承継時の株価を基に贈与・相続税が課税されるため、過大な税負担が生じるしくみでした。

新制度は、売却額や廃業時の評価額を基に納税額を再計算し、事業承継時の株価を基に計算された納税額との差額が減免されます。

上記のほか、2018年度改正では、相続時精算課税制度の適用範囲の拡大なども行われました。現行制度においては、子や孫以外の後継者に贈与を行った場合、納税猶予打切り時に暦年課税で贈与税が課税されるため、後継者に過大な税負担が生じる可能性がありました。新制度は、後継者が贈与者の推定相続人以外の者（その年の1月1日において20歳以上である者に限る）、かつ、贈与者が同日において60歳以上の者である場合には、相続時精算課税の適用を受けることができます。これにより、推定相続人以外の後継者へ制度を利用して贈与を行った場合であっても、納税猶予が打切りになった場合の税負担リスクが軽減されることになります。

3．新事業承継税制活用のメリット

上記のとおり、新納税猶予制度では対象株式の上限を撤廃し猶予割合を100％とすることで、納税猶予の税額が負担額の最大53％相当額から100％となることで承継に係る金銭負担が実質ゼロとなるなど経営者にとって大変メリットのある内容になっています。新制度の主なメリットは以下のとおりです。

①資金負担ゼロで事業承継が可能

②配偶者や親族の株式も合わせて後継者へ贈与が可能

③譲渡、合併、解散により猶予期限が確定した場合でも減免措置がある

④相続時精算課税との併用により、猶予期限が確定した場合でも相続による取得と大差がない

⑤M＆Aで売却する場合にも後継者に資産承継ができる

４．新事業承継税制活用のデメリット

一方で、納税猶予制度についてはリスクや将来の法改正の可能性もあるため、制度利用に当たって留意する点もあります。

例えば、全ての株式が納税猶予の対象になったことで、相続人が複数いる場合には今まで以上に後継者以外の相続人の遺留分に配慮する必要があるといえます。

以下が納税猶予制度を利用する場合の主な留意点です。

①現経営者は代表を辞任する必要がある

②後継者の役員経験が３年ないと適用できない

③猶予期限の確定により利子（0.7％（年により変動あり））が生じる

④暦年贈与の場合には、期限の確定により多額の贈与税が生じる

⑤遺留分の減殺請求を受ける危険がある

⑥財産価値が株式に集中している場合に、公平な財産承継をできない可能性がある

５．様々な対策手法の中で検討を

新制度では、事業承継に係る負担を最小化し、将来不安を軽減する内容となっており、大変利用しやすいものになっています。本制度の活用が、今後の事業承継対策の柱の一つになる可能性は大いにありますが、必ずしもそれだけでは万全ではなく、ケースによっては制度を適用できない、あるいは敢えて適用しないほうが良いケースも考えられます。

例えば、以下のようなケースの場合には納税猶予制度以外の対策を検討する必要があると思われます。

①後継者が不在→M＆A、役員・従業員への承継

②一族で議決権の過半数を保有していない（株式が分散している）

③親族等による遺留分の問題がある

④代表取締役を退任したくない

⑤後継者の経営力に不安がある

⑥特例期間内（10年以内）に事業承継ができない

⑦資産管理型会社に該当する会社（上場株式の持株会社、不動産賃貸会社等）

⑧株式を子供達に均等に承継したい場合（後継者は無税、その他は課税）

上記のようなケースでは、納税猶予制度ありきではなく、どういった対策が対象会社にとってベストであるかを様々な対策手法の中で検討する必要があるでしょう。

2．自社株対策　(2)納税資金対策

新制度のメリットを活かせるかの判断が重要

ご提案のポイント

・新制度の適用時期は、2018年1月1日から2027年12月31日までの間に開始した相続・贈与に適用するとされていますが、適用にあたっては、2018年4月1日から2023年3月31日までの間に特例承継計画を都道府県に提出する必要がある点に注意が必要です。

〈改正前と新制度の比較〉

内　　容		改正前	改正後（新制度）
相続税・贈与税の負担を軽減	猶予対象株式の制限	発行済議決権株式総数の最大3分の2が対象	後継者が取得した株式の全てが対象
	上記株式の納税猶予割合	納税猶予の対象となった株式に係る相続税の80%が猶予対象	納税猶予の対象となった株式に係る相続税の100%が猶予対象（贈与税は従前より全額が対象）
承継パターンの拡大	贈与者・被相続人	代表権を有していた者	代表権を有していた者以外の者も対象
	後継者	50%超の議決権を有する後継者が対象（後継者は1人）	代表権を有する最大3人まで猶予（総議決権数10%以上有する者のみ）
雇用要件の緩和	雇用確保（維持）要件	承継後5年間は平均8割の雇用維持が必要（下回った場合、納税猶予打ち切り）	承継後5年内に平均8割の雇用を下回ったとしても、雇用要件を満たせなかった理由を記載した書類を都道府県に提出すれば引き続き納税猶予は継続される
経営環境変化への対応	譲渡（M＆Aなど）・解散・合併等の納税猶予額の減免	会社を譲渡・解散・合併等をした場合は、原則、猶予税額を全額納税	会社を譲渡・解散・合併等をした場合でも、その時点での株式価値を再計算して差額を減免

65

第2章　事業承継提案事例

24 納税猶予制度活用のポイント

1．株価対策との組み合わせ

　2018年度税制改正に基づく納税猶予制度の拡充を考慮しても、重要なポイントは、株価対策や資産承継対策との両立です。

　新制度では、後継者が、将来株式を売却したり、廃業したりした際には株式評価の再計算により納税が一部減免されることとなりましたが、それ以外の事由により、制度適用後に、対象会社が納税猶予の要件を満たさなくなることも起こり得ます。したがって、将来、納税が顕在化した際の税金負担をできるだけ抑える対策の実行で、よりスムーズな承継が可能になります。

　また、後継者が贈与税の納税猶予の適用を受けると、その株式等については、贈与者の相続発生時においてその贈与を受けたときの価額で相続財産に加算されることになります。そのため、贈与者に相続が開始した際の相続税の計算では、贈与税の納税猶予によって受けた株式の価値が相続開始時までに大きく下落していた場合にも、贈与時の高い株価を基に全体の相続税額を計算することになります。したがって、株価が高いと株式以外の財産にも高い税率が適用されることとなり、結果、後継者以外の他の相続人の相続税負担が増える可能性が考えられます。

　新制度における猶予税額100％のメリットは確かに大きいものですが、あくまで猶予されたものであるということを念頭に置いて、本書で紹介する株価対策の手法を用いて「株価対策」と「納税猶予」の両輪で取り組んでいくことが重要です。

2．資産承継対策との組み合わせ

　上記1と併せて、推定相続人の子が2名以上いる場合には、資産承継対策についても検討すべきです。相続人が複数いる場合には、後継者以外の相続人の遺留分に配慮する必要があり、相続人同士が不仲の場合には他の相続人から遺留分の減殺請求を受ける可能性も高まることになります。

　例えば、贈与税の納税猶予によって後継者に株式を生前贈与したものの、先代経営者（贈与者）に相続が発生すると、生前贈与した株式は特別受益とされ、遺留分の算定基礎財産に含まれることとなります。この際、遺留分の算定基礎財産に含まれる株式の価額は、贈与時の価額ではなく相続時の価額とされることから、後継者の貢献等によって株価が値上がりしても、遺留分の計算ではその点について考慮されません。

　したがって、贈与税の納税猶予により後継者へ生前に株式を移転する際には、民法特例（除外合意または固定合意）とセットで利用することで、より有効な対策が可能となります。一方で、贈与ではなく相続税の納税猶予を利用するようなケースでは、分割協議において株式の承継者が決まらない場合には制度の利用ができないこととなるため、遺言により事前に株式の承継者（後継者）を決めておくことでスムーズな承継が可能になります。

2. 自社株対策 (2)納税資金対策

株価対策等との組み合わせが重要

ご提案のポイント

・贈与税の納税猶予を受けると、その贈与者に相続が発生した際に、贈与を受けたときの価額で相続財産に加算されることになるため、贈与等を受ける前にできる限り自社株の評価対策を行ってから実行することで制度適用後のリスクを軽減することが可能となります。

〈前提条件〉

（1）被相続人　甲（相続人⇒長男・次男・長女（3名））

（2）甲が所有する相続財産

　　① 　X社株式　評価対策前3億円 ⇒ 対策後2億円

　　　　※数年前に贈与税の納税猶予により全株を長男に贈与している

　　② 　不動産　1億円

　　③ 　現預金　3億円

（3）遺産分割の内容

　　　長男…X社株式2億円（相続税の納税猶予の適用を受けるものとする）

　　　次男…不動産　1億円 + 現預金　1億円（合計　2億円）

　　　長女…現預金　2億円（合計　2億円）

（4）税金計算
(単位：千円)

	評価対策後⇒贈与税の納税猶予			≪ご参考≫評価対策なしのケース		
	長男 1/3	次男 1/3	長女 1/3	長男 1/3	次男 1/3	長女 1/3
X社株式	200,000			300,000		
不動産		100,000			100,000	
現預金		100,000	200,000		100,000	200,000
課税価格	200,000	200,000	200,000	300,000	200,000	200,000
相続税総額		169,800			212,399	
各人の算出税額	56,599	56,599	56,599	91,028	60,685	60,685
納税猶予額	56,599[注]	－	－	91,028[注]	－	－
納付税額	0	56,599	56,599	0	60,685	60,685
納付税額合計		113,198			121,370	

(注)新制度では猶予割合100%　　　↑————— 8,172千円 —————↑

　贈与税の納税猶予で株を移転する場合、高い評価のまま行うのと、評価対策後の低い株価になってから行うのとでは、将来、後継者以外の相続人の相続税額にも影響しますので株価対策も合わせて検討しましょう。

第2章　事業承継提案事例

25 事業承継ファンドを活用した事業承継

1．ファンドを活用した事業承継

　事業承継対策上、現オーナーが保有する対象会社の株式を、後継者が取得する場合の資金調達の手段として、手元資金の活用あるいは金融機関の融資を受ける方法がありますが、それだけでは株式取得資金が不足するケースもあります。この場合、他の資金調達の選択肢として、事業承継を目的としたファンドを活用する方法があります。

2．ファンド活用の流れ

①株式取得目的会社の設立

　後継者は、対象会社の株式を取得するための会社を設立します。このとき、ファンドから出資を受け、資金調達をし、株式取得資金の確保をします。

②対象会社株式の譲渡

　現オーナーは、保有する対象会社の株式を、後継者設立の会社（株式取得目的会社）へ譲渡します。これにより、現オーナーは、保有株式を換金できるため、創業者利潤を実現することができます。

③後継者による会社運営

　株式譲渡後は、後継者主導の会社運営を行います。ファンドの目的は、対象会社の価値を高め、キャピタル・ゲインを得ることですので、ファンド運営者は、後継者の策定する事業計画をモニタリングしながら、経営支援を行います。また、オーナーは、株式を譲渡した後すぐには引退せずに、相談役等の立場で一定の期間、後継者にアド

バイスすることも可能です。

④投資ファンドの終了

　後継者の策定した事業計画が達成されたのち、ファンドの終了に伴い、後継者は、ファンドが出資している持分の買戻しを行うことができます。

3．ファンド活用の留意点

　現オーナーは、後継者へ株式を譲渡することにより、創業者利潤を得たい一方で、後継者側で少額の資金しか確保できない場合であっても、ファンドを活用することにより、株式の買取りが可能になります。

　なお、事業承継を目的としたファンドは、数多く存在するため、ファンドの投資方針、ファンドマネージャーの信頼性・ファンド出資者の意向などを見極める必要がありますが、ファンドの活用により、自社の雇用の維持確保、そして、企業文化の維持を図るなど、オーナーの意思を反映させることも可能です。

　ただし、ファンドは、その立場上、事業計画の進捗に関するモニタリングを通じて、経営管理面の強化を図り、後継者に対して、事業計画の達成を求めていくことになります。したがって、事前に作成する事業計画の策定にあたっては、後継者が確実に遂行できる内容であるかどうかを含めて、十分検討し、進めていく必要があります。

2．自社株対策　(2)納税資金対策

後継者の株式取得資金不足を解消

ご提案のポイント

・後継者中心の会社運営を目指しているが、
　①オーナーは、株式を換金して、創業者利潤を得たい
　②後継者の株式取得資金が不足しているため、このままでは買取ができない
というような場合には、事業承継を目的としたファンドの活用も検討してみましょう。

ファンドを活用した株式の承継

【株式譲渡時】

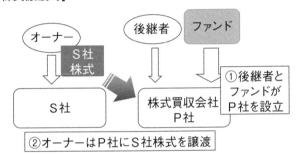

【株式譲渡後】

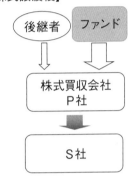

【ファンド終了時】

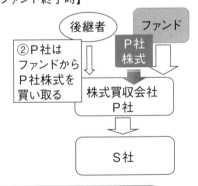

【ファンド終了後】

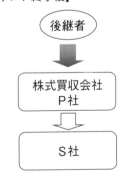

ファンド活用の留意点

①オーナーは、保有する対象会社の株式を譲渡することにより、創業者利潤を得ることができます。また、株式譲渡した後も、状況に応じて、経営への参加が可能です。
②後継者は、株式取得資金の捻出が困難な場合でも、少額の資金で対象会社の株式取得が可能となります。
③ファンド活用時には、そのファンドの投資方針・ファンドマネージャーの信頼性・ファンド出資者の属性などを確認し、ファンドの性格を理解する必要があります。
④ファンドは、事業計画の達成状況をモニタリングするため、事業計画の策定にあたっては、後継者が確実に遂行できるかどうか、十分検討する必要があります。

第2章　事業承継提案事例

26 資産管理会社を活用した事業承継

1．資産管理会社の活用

　資産管理会社とは、オーナーの保有する株式や不動産などの資産を管理するために設立する会社をいいます。

　資産管理会社の活用方法については、様々なパターンが想定されます。オーナーの株式対策については、11「持株会社を活用した事業承継」を、資産管理会社を社団形式にする場合には、18「一般社団法人を活用した事業承継」を参照ください。ここでは、不動産業を営むオーナーについて、資産管理会社（株式会社形式）を活用した事業承継の事例を紹介します。

　不動産オーナーの場合、①将来の相続税の納税資金が確保されているか、②所得税の税負担額が法人税の税負担と比べてどうか、③後継者にどう事業を承継させるか、ということが重要です。

2．納税資金の確保

　不動産オーナーの場合、財産の大半が不動産になっており、将来の納税資金が不足していることも少なくないはずです。納税資金が足りていない場合には、後継者を株主とした資産管理会社に不動産を売却し、換金する方法が有効であると考えられます。また、将来値上がりが予想される高収益物件を事前に後継者が株主の資産管理会社に売却しておくことで、将来の値上がり益を後継者に帰属させることが可能になります。

　オーナー側は、売却した不動産の譲渡所得に対して20.315％の分離課税で課税関係が完結するため、税金のメリットも享受することができます。なお、資産管理会社への売買については、第三者間取引ではないため、不動産鑑定士などの鑑定評価額などをベースに売買金額を決定することをお薦めします。

3．所得分散

　オーナーが個人で不動産を保有している場合、所得税と住民税で税率が最大で55％となってしまいます。そのような場合には、資産管理会社に収益率の高い物件を売却し、所得を法人に帰属させることで、個人と法人の税率（30％程度）差額分の純資産を会社に留保することが可能になります。また、会社からオーナーの親族に給与等を支払ったり、生命保険に加入することでさらに所得を分散したり、圧縮することが可能になります。

4．後継者への承継方法

　賃貸不動産が複数ある場合には、物件ごとに後継者に資産管理会社を設立させる方法もあります。また、後継者が若い場合には、オーナーが資産管理会社を設立しておき、それぞれの株式を後継者ごとに引き継がせる方法もあります。不動産が法人所有になることで、将来の相続登記の負担がなくなることも、メリットの一つです。

2. 自社株対策　(2)納税資金対策

不動産のキャッシュ化で納税資金を確保

ご提案のポイント

- オーナーの相続試算を行い、納税資金が足りていない場合には、不動産をキャッシュ化することで納税資金を確保することができます。
- 資産管理会社が不動産を保有することで所得税率と法人税率の差額分について税コストを削減することが可能になります。また、資産管理会社側で給与の支払などを行いますと、オーナーの所得分散につながります。

【資産管理会社スキーム図】

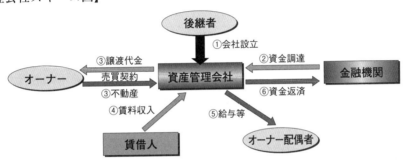

【資産管理会社の活用による効果額（建物のみ移転した場合）】

	項目	対策前 オーナー様	対策後 オーナー様	対策後 配偶者様	対策後 資産管理会社	増減額	備考
収入	賃貸収入	160,000,000	16,000,000		160,000,000	16,000,000	建物のみ移転
	礼金・更新料収入	10,000,000			10,000,000	0	
	管理収入	10,000,000			10,000,000	0	
	その他収入					0	
	計	180,000,000	16,000,000		180,000,000	16,000,000	
費用	租税公課	16,000,000	8,000,000		8,000,000	0	
	保険料	300,000			10,300,000	10,000,000	役員保険新規加入
	修繕費	5,000,000			5,000,000	0	
	減価償却費	30,000,000			30,000,000	0	
	借入金利子	10,000,000			10,000,000	0	個人→法人借換
	地代	0			16,000,000	16,000,000	オーナー地代
	役員報酬・給与				4,000,000	4,000,000	給与1年分
	支払手数料	1,000,000	200,000		800,000	0	
	管理費	20,000,000			20,000,000	0	
	水道光熱費	1,500,000			1,500,000	0	
	その他経費	500,000	100,000		400,000	0	
	計	84,300,000	8,300,000		106,000,000	30,000,000	
青色申告控除		650,000	100,000			-550,000	
個人不動産所得、法人課税所得		95,050,000	7,600,000		74,000,000	-13,450,000	
その他所得（給与・配当）		0		4,000,000		4,000,000	
所得控除		1,140,000	760,000	380,000		0	
課税される所得金額		93,910,000	6,840,000	3,620,000	74,000,000	-9,450,000	
税金（所得、住民、法人、事業）		52,266,200	1,891,700	368,700	27,319,700	-22,686,100	

※上記シミュレーションの場合、年間約2,000万円の資金余剰を確保できます。

71

第2章　事業承継提案事例

27 医療法人における事業承継

1．医療法人の出資持分と相続税

　医療法人には、①出資者が出資額の割合に応じて、退社時に法人資産の払戻しを受けたり、法人解散時に残余財産の分配を受ける権利が、定款によって規定されている医療法人である、「持分あり医療法人」と、②出資者というものが存在せず、上記のような権利が存在しない、「持分なし医療法人」の大きく2つが存在します（2007年4月1日以後に設立された医療法人は、全て持分なし医療法人）。

　このうち、「持分あり医療法人」の出資者が医療法人に対して有する権利も、経済価値のあるものとして相続税の課される相続財産となり、そのことが医療法人におけるスムーズな事業承継を妨げている大きな原因となっています。

　そもそも、医療法人は非営利法人であるために配当が禁止されています。そのため、長年の利益が内部留保されている医療法人も多く、そのようなケースでは、法人資産が巨額に膨れ上がっている場合があります。その場合、出資者の相続人には多額の相続税が課せられる可能性が高くなり、その納税資金対策として、多額の出資持分の払戻しが請求され、医療法人の健全な経営を阻害するような事態が生じる危険性も高まります。

　さらに、医療法人の出資持分は、非上場の株式会社の株式よりもさらに換金可能性が低く、また、相続発生後に特例として認められている、「相続により取得した非上場株式を発行会社に譲渡した場合の課税の特例」といった制度も、医療法人の出資持分には適用できないと解されています。このことが、出資者の相続人の納税資金確保の困難性に拍車をかけています。

　しかも、医療法人の出資者の資格と、最高の意思決定機関である社員総会の構成員である社員の資格とは、法律上完全に切り離されており、医療法人の社員になるためには、あくまでも社員総会で選任される必要があるため、出資を相続しても、当然に社員資格を取得するものではありません。この点、支配権と財産権の両方の権利を有している株式会社の株式とは大きく異なるため、多額の相続税を支払ってまで出資を相続する意義も薄いということが言えます。

2．出資持分の放棄という選択肢

　そのため、問題の多いこのような医療法人の出資持分、すなわち財産価値を放棄し、永久に相続税の問題から解放されたいという出資者も多いのが現状です。地域医療の安定的な継続を目指す国（厚生労働省が中心）としても、持分あり医療法人から、持分なし医療法人への移行を促進しています。しかし、単純に出資者が自己の有する出資を放棄しますと、他の出資者が残っている場合には、その残存出資者に経済価値が移転することにより、多額の贈与税がかかることになり、また、出資者全員が出資を放棄したとしても、通常そのままでは、医療

法人を個人とみなして医療法人に多額の贈与税がかかる、という問題が生じます。

そのため、なかなか持分なし医療法人への移行が進んでいないというのが現状です。

3．持分なし医療法人移行への選択肢

それでは、出資にかかる課税の負担から免れる術はないのか、というと、必ずしもそうではありません。それが、従来からある、①特定医療法人への移行、②社会医療法人への移行、③非課税要件を満たした上での一般の持分なし医療法人への移行です。これに、2017年度税制改正で、④認定医療法人への移行が付け加えられ、税負担なしで持分なし医療法人へ移行する方法として、4つの選択肢が設けられました。

それぞれの医療法人の主な特徴は以下のとおりです。

①特定医療法人
- ・理事：6名以上、監事：2名以上
- ・法人関係者への特別利益供与禁止
- ・社会保険診療に係る収入が全体の80％以上
- ・役職員の報酬金額に規制（年間給与総額3,600万円以下）
- ・国税庁長官が承認
- ・法人税率が19％（通常は23.4％）等

②社会医療法人
- ・理事：6名以上、監事：2名以上
- ・法人関係者への特別利益供与禁止
- ・社会保険診療に係る収入が全体の80％以上

- ・都道府県知事が承認
- ・救急医療等確保事業を実施
- ・収益事業のみ法人税課税　等

③非課税要件を満たした一般の持分なし医療法人
- ・都道府県の医療計画に医療機関名が掲載されていること
- ・理事：6名以上、監事：2名以上
- ・法人関係者への特別利益供与禁止
- ・社会保険診療に係る収入が全体の80％以上等、社会医療法人または特定医療法人と同様の基準を満たしていること
- ・法人税等の税務メリットなし

④認定医療法人
- ・法人関係者への特別利益供与禁止
- ・社会保険診療に係る収入が全体の80％以上
- ・厚生労働省が認定
- ・移行計画が有効かつ適正であること
- ・移行計画期間が3年以内であること
- ・役員報酬について不当に高額にならないよう定めていること
- ・法人税等の税務メリットなし

4．同族支配・同族経営の維持

持分なし医療法人へ移行するためには、①特定医療法人及び②社会医療法人においては、社員及び役員について同族3分の1以下（同族での支配権、経営権の放棄）、③非課税要件を満たした一般の持分なし医療法人においては、役員について同族3分の

第2章　事業承継提案事例

1以下（同族での経営権の放棄。ただし、支配権は同族で維持できるため、実質的には維持することも可能）といった要件が求められています。

これに対し、④認定医療法人についてはこうした非同族要件が求められていません。そのため、その他の要件を持分なし医療法人へ移行した後も3年間満たしていれば、医療法人に対する贈与税は非課税となり、税負担なく持分なし医療法人への移行ができることになります。

5．将来の経営を見据えた法人選択

このように、持分なし医療法人への移行には、その移行に際して、また、移行後の医療法人の種類によっても様々なメリット・デメリットがあります。したがって、単純に相続税の負担を免れるためや、移行後の税務メリットの享受だけを考慮するのではなく、そもそも、将来どのような医療法人を目指すのか、特に、同族支配・同族経営を維持して行きたいのか、そうではないのかを、現状分析を交えながらなるべく早い段階で検討を進めていくことが重要になります。

なお、医療法人が贈与税を支払った上で、持分なし医療法人へ移行するという選択肢も考えられます。この場合には、従来の同族支配・同族経営に影響を与えないだけではなく、④の認定医療法人に求められている要件も必要なくなりますので、現状の経営にほとんど影響を与えずに持分なし

医療法人への移行が可能となります。

株式会社の株価対策と同様の手法を用いて出資持分の評価を引き下げた上で、全ての出資を放棄し、経営に支障を与えない程度の税額を医療法人が負担する、といった選択肢も、持分なし医療法人への移行に際しての有力な候補の一つと言えるでしょう。

ただし、医療法人の場合はその非営利性から、株式会社では可能な様々な株価対策の手法が制限されている点に、留意が必要です。

2．自社株対策　(2)納税資金対策

医療法人における出資持分対策
～出資持分放棄で将来の相続税の問題を永久に回避～

ご提案のポイント

・医療法人の出資持分は思った以上にその評価が高くなっている場合が多く、そのまま
放置し続けると、様々な課税のリスクにさらされることになります。また、同族支配・
同族経営を放棄しますと、乗っ取りの危険性が生じてしまいます。現状の組織体制の
ままで将来の相続税の問題を回避したい場合には、出資持分の評価対策を行って、そ
の評価を下げてから出資を放棄するほうが、より少ない税金負担で済むことになります。

〈前提条件〉

（1）出資金 1,000 万円（出資総数 10,000 口）

（2）出資の相続税評価額

　　①対策前　100,000 円／1 口

　　②対策後　 25,000 円／1 口

（3）所有口数 10,000 口

（4）対策後、全ての出資持分を放棄

(単位：千円)

項　目	対 策 前	対 策 後
贈与財産	1,000,000	250,000
贈 与 税	545,395	132,895

412,500 千円

　評価の高い出資持分を放棄する場合、まず評価を下げることを検討してください。高い
評価のまま放棄するのと、対策後の低い株価になってから放棄するのとでは、放棄をした
際に医療法人が負担する税金（贈与税）に大きな差がある場合があります。

　次に、全ての出資を放棄して贈与税を納税しても、定款を変更するまでは持分あり医療
法人のままであるため、追加で出資をし、新たな出資者を生じさせることも可能な状態で
す。したがって、定款変更を実施し、持分なし医療法人へ完全に移行することによって、
出資持分に係る将来の相続税の問題を永久に回避することが可能となります。

　なお、一度持分なし医療法人へ移行した医療法人は、再び持分あり医療法人へ戻ること
はできません（後戻り禁止）。

第2章　事業承継提案事例

28 保険を活用した事業承継

1. 保険を活用した遺留分対策

自社株は会社の後継者に集中させるのが鉄則ですが、オーナーの財産のうちに自社株の占める割合が大きい場合、自社株を後継者に集中的に承継すると、非後継者へ残す財産が著しく少なくなり、遺留分をめぐるトラブルの原因となります。

そこで、オーナーを被保険者、後継者を受取人とする生命保険を活用すれば、オーナーの死亡時に後継者に保険金が入るため、非後継者から遺留分減殺請求された場合の原資として利用することができます。

2. 遺留分とは

遺留分とは、相続人に最低限認められている財産を相続する「権利」で、原則、法定相続分の2分の1相当になります。なお、相続人である、被相続人の兄弟姉妹には遺留分がありません。また、遺留分は相続財産だけではなく、過去に受けた贈与財産も合算して計算します。

遺留分を侵害された相続人には遺留分減殺請求権が認められるため、遺言や生前贈与で後継者に自社株を集中した場合には、非後継者から遺留分減殺請求を受けることにより、自社株が分散するか、遺留分相当の現金を請求される可能性があります。

3. 保険活用のメリット

(1)オーナーが保険料を負担し、死亡保険金を相続人である後継者が受け取った場合

には、相続税の計算に際して「500万円×法定相続人の数」の金額まで非課税枠があります。

(2)生命保険金は民法上、相続財産でなく、保険金受取人の固有の財産とされるため、原則として遺留分の対象とはなりません。したがって、保険金額を確実に後継者に残し、非後継者から遺留分減殺請求を受けた際の原資として利用できます。

(3)被保険者をオーナー、保険料負担者・保険金受取人を後継者とする保険契約により、後継者自らも遺留分対策を行うことが可能です。

4. 保険活用の留意点

(1)生命保険金は民法上、相続財産でなく、保険金受取人の固有の財産とされるため、非後継者を受取人とする契約では遺留分の解決にはなりません。

(2)事前に株価算定を含めた相続財産評価を行い遺留分を想定した上で保険金額を決定する必要があります。

5. 遺留分対策以外の保険の活用

①相続税の納税資金の確保

オーナーを被保険者、後継者を受取人とする生命保険を活用すれば、相続税の納税資金としても利用することができます。

②オーナーへの退職金支給原資の確保

将来の役員退職金の支出に備え、保険を活用することにより前もって準備することができます。

3. 争族対策

受取保険金は３つの目的に活用可能

ご提案のポイント

・次のような場合には、事業承継を目的とした保険の活用も検討してみましょう。
　①非後継者から遺留分減殺請求を受ける可能性がある。
　②相続税の納税資金の確保に心配がある。
　③オーナーへの将来の退職金支給に備えたい。

①遺留分対策

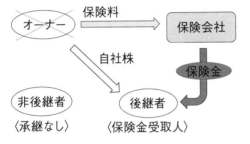

②納税資金の確保

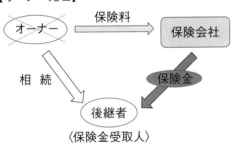

③退職金準備

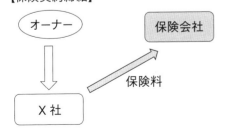
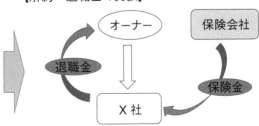

第2章 事業承継提案事例

29 定款変更を活用した事業承継

1．事業承継と定款変更

　株式には基本的に次の3つの権利が含まれています。
　　・剰余金の配当を受ける権利
　　・残余財産の分配を受ける権利
　　・株主総会における議決権
　会社の経営という観点から見た場合、特に重要なのは、株主総会における議決権です。なぜなら会社経営における重要事項の決定は株主総会において決議しなければならないからです。
　円滑な安定経営を行うための方法として、会社の定款を変更し会社法の制度を活用することも有効です。

2．譲渡制限株式の活用

　譲渡制限株式とは、譲渡による株式の取得について取締役会等の承認を要する株式をいいます。
　株主の独断で株式の譲渡が行われたり、好ましくない人物が株式を取得し、会社に対し、高額な株式の買取を求めてくるリスクを低減するため、譲渡制限株式にしておくことにより、自社株式の分散を防止することができます。これは事業承継においても重要です。
　また、譲渡承認機関、みなし承認、指定買取人を定款であらかじめ定めておくことにより、後のトラブルを避けることができます。

3．相続人等への売渡請求

　相続人等への株式売渡請求とは、相続などにより株式を取得した者に対して、その株式を会社に売り渡すよう請求することができるという制度です。
　譲渡制限株式であったとしても、相続などの承継による株式の移転であれば、譲渡承認の対象とならないため、株式の移動を制限することはできません。
　売渡請求を定めることにより、特定の相続人等のみに売渡請求をすることもでき、自社株式の分散を防止することができます。
　なお、この制度は相続発生後であっても定款変更することにより、採用できます。
　注意点として、後継者に対する反対勢力がいると、後継者自身に対して売渡請求がなされてしまう可能性があるため事前の対策が必要です。

4．自社株売主追加請求排除

　特定の株主から自己株式を取得する場合、その買取額によっては「株主平等の原則」違反となるおそれが強まるため、他の株主についても同じ機会を与えなければなりません。これを売主追加請求権といいます。
　事業承継を進めるうえで株式を集約する際、この請求権が弊害となる場合があります。そこで、定款に定めることによってこの権利を排除することができ、特定の株主から自己株式を取得することができます。

3．争族対策

安定経営には自社株の集中・分散防止が重要

ご提案のポイント

・株主が有する権利の重要性と、株式が分散してしまうことによるリスクについて認識しましょう。

(1) 株式に譲渡制限を付していなかったことによる失敗例
取引内容：株主Dから株主Cへ株式譲渡

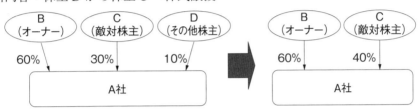

⇒ 株式に譲渡制限を付していなかったため、取締役会等の承認は不要で、Dの株式がCへ譲渡され、結果、敵対株主の保有比率が3分の1超となり否決権をもってしまった。

株式分散のリスクを考慮して譲渡制限を付しておく必要があった。

(2) 相続人等への株式売渡請求の失敗例と成功例
【失敗例】

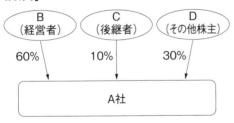

その他株主Dに相続が発生した場合、その他株主Dの相続人に対して売渡請求が可能だが、経営者Bに相続が発生した場合には、経営者Bの相続人Cは株主総会の決議（株式売渡請求決議）に参加できないため、その他株主DにA社を乗っとられてしまうリスクあり

【成功例】

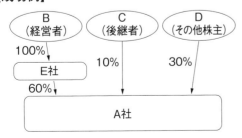

経営者Bの保有するA社株式を資産管理会社Eに移しておくことにより、経営者Bに相続が発生してもA社株主に変動はないので、その他株主DにA社を乗っとられるリスクがなくなる

第2章　事業承継提案事例

30　民法特例（除外合意等）を活用した事業承継

1．生前贈与が争族を招くことに

中小企業のオーナーは、生前に株価対策等を講じ、後継者に自社の株式を贈与しているケースが多く見られます。自社の株式を生前贈与することは相続対策としては非常に有効であるものと考えられますが、あくまで相続税だけを主眼に捉えており、実際に相続が発生した場合には遺留分の問題が生じるおそれがあります。

2．生前贈与株式が遺留分減殺請求の対象に

民法では、被相続人の兄弟姉妹以外の相続人に対し、最低限の相続の権利を保証するものとして、遺留分を定めています。

遺留分を侵害された相続人は、遺留分を超える財産を取得した相続人に対して、財産の返還請求をできることとなっています。ここで問題となるのが、遺留分の算定範囲には、生前に贈与した財産も含まれてしまうということです。

さらに遺留分の計算は相続開始時点での価額を使用するため、生前に贈与された株式の価値が上昇している場合には、後継者は他の相続人に対して遺留分の対象となる財産の金額が多くなり、結果として遺留分

減殺請求権の履行負担が非常に重くなってしまうという問題が生じる可能性があります。

3．経営承継円滑法を活用しましょう！

この問題を解決するために設けられた制度が、経営承継円滑化法における除外合意・固定合意・付随合意です（下表参照）。

なお、固定合意につきましては、合意時の価額が、相続開始時点の自社の株価の価額を超えている場合には、逆に後継者の遺留分減殺請求の負担を重くしてしまうこととなりますので、今後の株価上昇の要因等も含め、合意の決定を慎重に行う必要があります。

また、遺留分の問題は、後継者へ自社の株式を贈与により移動させた場合に発生しますが、適正な価額により売買をした株式については、遺留分算定の基礎となる財産には算入されないこととなります。

したがって、除外合意等が成立しにくい場合には、適正な価額での譲渡により後継者への株式の移動を行うという選択肢も事業承継対策としては、有効な手段となるでしょう。

除外合意		後継者が先代オーナーからの贈与により取得した自社の株式の全部または一部について、その価額を遺留分算定の基礎となる財産に算入しなくてよいという合意になります。
固定合意		後継者が先代オーナーからの贈与により取得した自社の株式の全部または一部について、遺留分算定の基礎となる財産に算入する価額を他の相続人との合意によって定めた価額にできるという合意です。
付随合意	後継者	後継者が先代オーナーからの贈与により取得した自社の株式以外の財産の全部または一部についてその財産の価額を遺留分算定の基礎となる財産に算入しなくてよいという合意になります。
	非後継者	後継者以外の推定相続人が先代オーナーからの贈与により取得した財産の全部または一部について、その財産の価額を遺留分の算定の基礎となる財産に算入しなくてよいという合意になります。

3．争族対策

経営承継円滑化法の活用

ご提案のポイント

・後継者への株式の移動は下記の点に留意し、プランを形成しましょう。
　①贈与がよいか譲渡がよいか。
　②贈与の場合には、受贈者（後継者）が遺留分減殺請求等を受けるリスクはないか。
　③②の場合に除外合意等の事前の対策が適用できるかどうか。

〈**前提条件**〉　　相続人……長男（後継者）、次男のみの場合

【民法の原則】

生前贈与の 自社株式	生前贈与の 自社利用不動産	その他の相続財産	次男の遺留分
6億円	2億円	4億円	3億円

←遺留分の対象となる範囲→

計算式……（6億円 +2億円 +4億円）× 1/2 × 1/2 = 3億円

【除外合意をした場合】

生前贈与の 自社株式	生前贈与の 自社利用不動産	その他の相続財産	次男の遺留分
6億円	2億円	4億円	1.5億円

←遺留分の対象となる範囲→

計算式……（2億円 +4億円）× 1/2 × 1/2 = 1.5億円

【自社株式の価額を2億円とする固定合意をした場合】

生前贈与の 自社株式	生前贈与の 自社利用不動産	その他の相続財産	次男の遺留分
2億円	2億円	4億円	2億円

←遺留分の対象となる範囲→

計算式……（2億円 +2億円 +4億円）× 1/2 × 1/2 = 2億円

【除外合意＋不動産を除外する付随合意をした場合】

生前贈与の 自社株式	生前贈与の 自社利用不動産	その他の相続財産	次男の遺留分
6億円	2億円	4億円	1億円

←遺留分の対象となる範囲→

計算式……4億円× 1/2 × 1/2 = 1億円

第2章　事業承継提案事例

31　事業承継に絡むトラブル防止のための遺言活用

遺言とは、相続人が遺産相続を円滑に進められるように、遺産に関する指示を残した故人の意思表示であり、遺産分割方法の指定や相続人同士のトラブル防止などを遺言書として明記できるものです。

1．遺言書を残すメリット

(1)遺言書を残すことで、遺産分割の際に相続人同士の意見が一致せずトラブルになることを未然に防ぎ、円滑に遺産分割を実施することが可能になります。

(2)遺産は法定相続人に対して法定相続割合に従って相続されますが、遺言書を残すことで、法定相続人以外の者（長男の妻や孫など）や特定の相続人に対して法定相続分を超えて遺産を相続させることが可能となります。これによって、面倒をよくみてくれた長男の妻に遺産を残すことや、後継者である長男に会社の株式を法定相続分を超えて相続させることができます。

2．留意点

相続人の遺留分を侵害した内容でも遺言書は法的に有効ですが、遺留分の減殺請求を受ける可能性があります。そのため、遺留分に配慮した内容とするか、生前に法定相続人から理解が得られるように説明する必要があります。また、あらかじめ遺留分を減殺する財産を指定することも可能です。

3．遺言書の種類

遺言書には、自筆証書遺言、公正証書遺言、秘密証書遺言の3種類があります。

(1)自筆証書遺言とは、遺言者が、遺言書の全文・日付および氏名を自署し、押印することにより成立する遺言です。遺言者が単独で作成でき、筆記具と用紙さえあれば作成可能です。しかも、遺言の内容ばかりか、作成自体をも秘密にしておけるという利点があります。その反面、法律の専門家とは限らない遺言者が単独で作成するので、厳格な法定の要式を欠くことで無効となってしまったり、文意が不明確であったりすることも多く、また偽造・変造・隠匿および毀滅がなされやすいなどの欠点を有しています。

(2)公正証書遺言とは、国の公的機関である公証人に作成してもらい、かつ原本を公証人役場に保管してもらう形式の遺言です。法律の専門家である公証人に作成してもらうので正確であり、また証拠力もあり、原本も公証人役場に保管してもらうので、偽造・変造・毀滅・隠匿のおそれがなく、最も安全・確実です。他方費用がかかり、証人の立会いも必要なので遺言内容を秘密にできないなどの短所もありますが、後の紛争を避けるには最も望ましい形式です。

(3)秘密証書遺言とは、上記2つの形式の遺言の中間的なもので、遺言書の存在は明確にしつつ、内容を秘密として偽造・隠匿等を防止する遺言です。

3．争族対策

遺言書を作成して後継者に自社株を承継する
～遺留分への配慮も必要～

ご提案のポイント

・遺言書を作成し、自社株式を後継者へ承継することができます。
・遺言書を作成した場合でも法定相続人に対する遺留分への配慮は必要です。

〈前提条件〉
① 相続財産　　遺産総額6億円（自宅2億円、現金1億円、自社株式3億円）
② 親族構成は以下のとおり

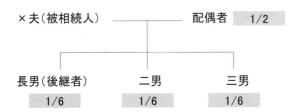

相続人	法定相続分	遺産額	遺留分	遺産額
配偶者	1/2	3億円	1/4	1.5億円
長男(後継者)	1/6	1億円	1/12	0.5億円
二男	1/6	1億円	1/12	0.5億円
三男	1/6	1億円	1/12	0.5億円
合計		6億円		3億円

※網掛けは法定相続分。また遺留分は法定相続分の2分の1

Ⅰ．遺言書を作成しない場合

法定相続分に従って遺産分割され、後継者である長男に自社株式を承継させたい場合であっても、株式が分散してしまう可能性があります。

Ⅱ．遺言書を作成する場合

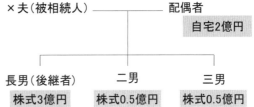

法定相続人の遺留分を侵害しない形で遺言書を作成することで、自社株式を後継者に承継することができ、株式が分散してしまうのを未然に防ぐことが可能です。

　長男（後継者）は自社株式のみを相続した場合、何らかの手段で相続税の納税資金を捻出する必要があります。相続税の申告期限後3年以内に相続した自社株式を発行会社に譲渡した場合には、みなし配当課税は発生しないという特例が存在しますので、発行会社に余剰資金がある場合には、相続した株式を会社に譲渡することにより納税資金を確保することが可能です。

第2章　事業承継提案事例

32 MBOを活用した事業承継

1．MBOとは

　MBO（Management Buyout）とは、会社の役員などの経営陣が、オーナーから自社の会社の株式を買い取り、経営権を取得することをいいます。また、従業員が同様に株式を買い取り、経営権を取得することをEBO（Employee Buyout）といいます。

2．メリット

・後継者が自社の役員や従業員であるため、自社の事業を熟知していることから、事業を円滑に承継することが可能になります。
・第三者への売却（M&A）に比べ、従業員の雇用が守られることから、企業風土や企業理念を踏襲した事業の承継ができます。
・オーナーにとっても、自社株式を売却することでキャッシュを手にするため、相続税等の納税資金の確保を行うことができます。

3．デメリット

・株式購入資金は高額になるため、後継者である役員や従業員の資力だけでは足りないことがあります。その場合には、金融機関やファンドを用いて資金調達を行わなければなりません。
・株主が複数いるような場合には、買取りする株数が増えることで株式の買取価額が高くなるおそれや議決権確保が難しいケースがあります。
・経営者候補が複数いる場合、誰を後継者に選択するかで、その後の経営幹部内での争いが生じるおそれがあります。
・創業オーナーから会社を引継ぐ場合には、従業員のモチベーションの低下や取引先との関係性が毀損するリスクが考えられます。

4．種類株式を用いたMBO等

　MBO等を行うに当たっては、後継者側での資金不足が課題になるかと思われます。その場合には、種類株式を用いることによって、経営権と財産権を分けて、経営権を役員や従業員に承継し、財産権を創業オーナーに承継するという方法も考えることができます。

　種類株式の導入については、12「種類株式を活用した事業承継」をご参照下さい。

4. MBO・M&Aの活用

事業を熟知した経営陣に事業を承継

ご提案のポイント

・後継者問題を解消できるのと同時に、事業を熟知した経営陣に株式を譲渡するため、安心して株式を手放すことができます。
・オーナーは換金性の乏しい非上場株式を換金することができます。

オーナーの譲渡所得の計算
〈前提条件〉
　A社　発行済株式1万株
　オーナーの所有株式　1万株　評価額10億円　取得費1億円
　→　現経営陣へオーナーの所有株式1万株を10億円で譲渡
　①株式譲渡収入　10億円
　②譲渡税　（10億円－1億円）× 20.315% ＝ 182,835千円
　③手取額　10億円－ 182,835千円 ＝ 817,165千円

【1】特殊会社を設立するケース

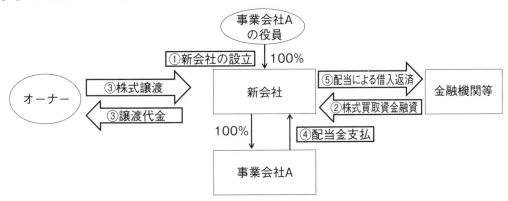

【2】経営陣が直接個人で株式を購入するケース

第2章　事業承継提案事例

33 M&Aを活用した事業承継

　将来の事業存続に悩みを抱える経営者は多くいますが、最近では、親族内に適当な後継者がいないという悩みを持つ経営者が増えています。そんな経営者の選択肢として徐々に活用が広まっているのが、M&Aによる親族外承継です。M&Aとは、Mergers and Acquisitionsを略したもので、合併や買収を意味します。M&Aは、多種多様ですが、事業承継においてM&Aが利用される局面は、第三者の企業が株式を買い取るパターンが一般的です。

1．M&Aのメリット

①事業の継続・発展

　人並ならぬ努力を重ねて築きあげた会社を、親族内後継者の不在という理由で、廃業してしまうのは、実に惜しいことです。通常、買い手企業は財務状態が安定しています。そのため、M&A後に買い手企業の資金力を活用し、さらなる事業の発展が期待できます。

②雇用の継続

　M&Aによって買い手企業に事業を承継することができれば、廃業しないで済むため、基本的に従業員の雇用を確保することができます。

③相続税対策

　M&Aによる親族外承継の場合、第三者に株式を売却するケースが一般的ですから、M&Aによって手持ちの株式を現金化でき、多額の相続税であっても納税資金を確保することができます。

　また、廃業して会社を清算する場合には、残余財産分配額の大部分が「配当」として、最大約55％の税金が課税されます。一方、M&Aによる株式の売却であれば、売却益に対して20.315％の税金で済みますので、税制面からも非常に有利です。

2．M&Aのデメリット

①経営方針の変更による取引先や従業員の離脱

　経営方針が変わることで、買い手企業のカルチャーと合わずに、従業員のモチベーションが低下したり、中核的な人材が辞めてしまうケースもあります。また、得意先・仕入先との取引関係、ブランドなどについて、大幅な見直しが必要との経営判断が下される場合もあります。

②買い手企業の探索と交渉

　Win-Winの事業承継ができる買い手企業を見つけるには、ある程度の時間がかかります。また、価格その他の諸条件で合意ができなければM&Aは成立しません。

　業績や得手・不得手等をよく吟味し、自らの案件に最も適するM&Aアドバイザリーを選定する必要があります。

4．MBO・M＆Aの活用

M＆Aによる親族外承継
～第三者企業への株式譲渡～

ご提案のポイント

・S社を「株式譲渡」により売却する場合の手法を検討します。
・Xが80％を直接所有するS社株式を、買い手企業に売却します。
・持株会社P社が所有する間接持分については、P社が所有するS社株式を売却する方法と、個人が所有するP社株式自体を売却する方法が考えられますが、今回のケースでは、各株主の手取額という面から後者のほうが有利です。

＜前提条件＞

・後継者不在と事業の成長性の鈍化に悩み、第三者企業への株式売却を決断。
・相続税対策のため、現経営者親族の手取資金を最大化できることを検討。
・譲渡対価総額
　S社：10億円　　P社：2億円
・相続税評価額総額
　S社：7億円　　P社：1.4億円

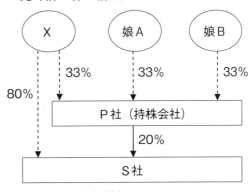

＜売却前の株主構成＞

------▶ 売却対象

＜売却前後の相続税評価額＞

(単位：億円)

	売却前			売却後		
	X	A	B	X	A	B
S社株式	5.6					
P社株式	0.46	0.46	0.46			
現　金				6.9	0.53	0.53

＜選択とチョイス＞

　P社の所有するS社株式を売却した場合、P社に対して法人税等約35％が課税されます。簿価が僅少と仮定すると、譲渡益2億円（＝10億円×20％）×（1－35％）で1.3億円が留保されます。留保された1.3億円を、株主であるX、A、Bの3人に分配しようとすると、3人に配当所得が生じることになり、別途課税されます。

　一方、X、A、Bの所有するP社株式自体を売却する場合には、譲渡益20.315％の税金で完結します。対価相当額がそれぞれ0.66億円（2億円×33％）となり、これも原価が僅少と仮定すると、0.53億円（＝0.66億円×（1－20.315％））が各人に留保されます。3人に留保される金額の合計が1.59億円となり、こちらのほうが有利となります。

第2章　事業承継提案事例

[34] 分散株式の集約

1. なぜ株式が分散してしまうのか

　事業承継対策を考えるにあたり、まずは株主名簿を確認することが重要です。なぜなら、オーナーが100％株式を保有している場合や、株主がオーナーと配偶者や後継者のみである場合など、株主が少ない会社については事業承継を比較的スムーズに進められるのに対し、株主が多い会社は、事業承継を進めるにあたって困難を伴うことが少なくないからです。

　株式が分散してしまう理由としては、

① 1990年の商法改正前は、会社設立時に7名以上の発起人が必要であったため、家族だけではなく親戚などにも株主になってもらった（名義株となっているケースもあり得る）

② 相続を繰り返すうちに親族内で分散してしまった

③ 相続税対策として従業員や取引先に株式を持ってもらった

④ 相続税対策として同族株主の中で配当還元価額方式が適用できる子や孫などに贈与してきた

など、いろいろ考えられます。

2. なぜトラブルが起きるのか

　いずれにしても、当初の経緯を知っているオーナーが健在な場合や、親族間の親交がある場合には、あまりトラブルは起こらないものです。しかし、オーナーがいなくなった後や、株主に相続が起こり、親族とはいえ顔すら分からない株主が増えてきますと、当初の経緯が分からなくなってしまい、会社に愛着のない株主から、高値で株式を買い取ってほしいなどの要求をされることもあります。

　会社に良くない感情を抱いている従業員が、退職後も株式を持ち続けた場合には、トラブルになる可能性があります。また、従業員の相続により、相続人に株式が承継されてしまうと、会社とはまったく関係のない人が株主となるため、会社にとって好ましくない要求をされるリスクを抱えることになります。

3. オーナー自身による早めの対策が重要

　株式が分散している場合には、後継者に会社を譲る前に、オーナー自らが分散株式に対して積極的に対応することが重要です。

　株主に対して買取りの交渉を行う場合、当初の経緯を知っており、恩義を感じているオーナーからの依頼であれば、スムーズに買取りを進められる可能性がありますが、分散株式を放置し潜在的なリスクを残してしまうと、後継者の代になってから、高額な金額での買取りの請求をされたり、交渉がまとまらない場合には訴訟になることもあり得ます。その場合、会社の経営が危うくなる可能性もあるでしょう。

　分散株式の集約方法はいくつか考えられますが、オーナー自らが、後継者に会社を譲る前の最も重要な資本課題だと認識して、対策を進める必要があります。

5．分散株式の集約

分散株式の集約は早期の対策が有効

ご提案のポイント

・従業員や取引先などの第三者や、親交のない親族が株主となっている場合、オーナーが存命中のうちはトラブルが発生することがなくても、オーナーが代替わりしたり株主に相続が発生して相続人が株主になると、新しい株主は会社に対して愛着がないため、高値で株式を買い取ってほしいなどと要求され、会社経営に支障をきたすおそれもあります。このような潜在的なリスクを放置せず、オーナーから後継者へバトンタッチする前にオーナー自らが分散株式の集約に対して積極的に対応することが望まれます。

＜分散株式の集約方法の一例＞

（1）オーナー（または後継者）個人による買取り

①　原則的評価額で買い取ります。買取資金が多額となることが想定されます。

②　配当還元価額方式による買取りを行い、原則的評価額との差額について贈与を受けたものとして買い取った個人が贈与税を支払います。贈与税の負担は発生しますが、①と比べて買取り資金を抑えられる可能性があります。

（2）会社による買取り

　会社が金庫株として買い取ります。（1）と違い個人が買取資金を準備する必要はありません。買取金額によっては、株主に対してみなし配当課税（総合課税）が発生します。

（3）従業員持株会による買取り

　従業員持株会を組成し、持株会が買い取ります。持株会での取引単価は旧額面程度に設定していることが多いため、買取資金を抑えることができます。

（4）役員持株会・従業員持株会への組み入れ

　株主が役員や従業員である場合には、持株会を組成して株式を組み入れ、退職時には持株会で持分を買い取ることを規約に定めます。

　（1）～（3）の方法により株式の集約を進める場合、株主がいくらなら株式を売ってもいいと言ってくれるのか、が最大のポイントになります。毎年、多額の配当を行っている会社の場合には、将来の配当がもらえなくなることを懸念して、株式の売却に応じてもらえないということも考えられます。

　その場合には、定款において「相続人からの株式売渡請求制度」を定め、株主に相続が発生したタイミングで会社が買い取れるようにしておき、さらなる株式の分散を防ぐのも有効な方法の一つです。

第3章
事業承継対策提案で参考となる基本情報

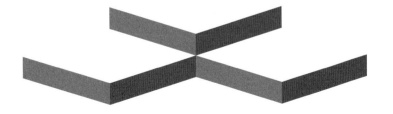

第3章　事業承継対策提案で参考となる基本情報

35 非上場株式の評価方法

1．自社株評価の概要

自社株の評価は、以下の方法により行います（詳細は36参照）。

①同族間の相続や贈与に適用される評価方法…原則的評価方式（純資産価額方式、類似業種比準価額方式）

②少数株主に適用される評価方法…例外的評価方式（配当還元方式）

①同族間の相続や贈与に適用される評価方法

会社を支配している同族株主が、相続や贈与により取得した株式については、原則的評価方式である「純資産価額方式」、「類似業種比準価額方式」またはこれらの折衷方式により評価します。

純資産価額方式
会社の資産の額から負債の額を控除した純資産価額を自社株の価値（清算価値）とする方法です。

類似業種比準価額方式
類似する事業を営む上場会社の株価に、配当・利益・純資産の3要素を比準して自社株を評価する方法です。

— 原則的評価方式

②少数株主に適用される評価方法

少数株主や同族でない株主は、支配権を行使することがその保有目的ではなく、配当の受取りを目的とすることから、例外的評価方式である「配当還元方式」により、その株価を評価します。

配当還元方式
配当金額を一定の利率（10%）で還元した価額を自社株の価値とする方法です。

— 例外的評価方式

2．原則的評価方式による評価

原則的評価方式による評価は、以下の流れに沿って行います。
①会社規模の判定（詳細は37参照）
②特定会社の判定（詳細は38参照）
③株式の評価方法の決定

①原則的評価方式の評価の流れ

原則的評価方式における評価方法の判定は次のとおり行います。

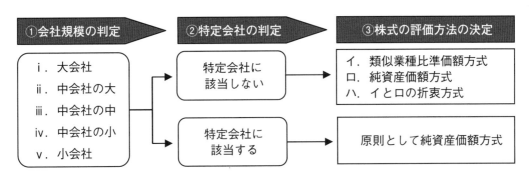

②株式の評価方法の決定

特定会社に該当しない場合には、会社規模により評価方法が決定されます。大会社の場合、類似業種比準価額で評価し、中会社、小会社の場合は、類似業種比準価額と純資産価額を折衷して評価します。会社規模により、この折衷する割合に違いがあります。なお、これらの評価額と純資産価額とを比べて、低いほうの価額により評価することもできます。

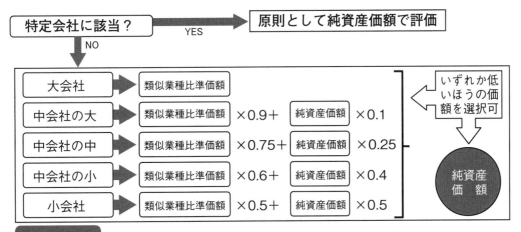

> **Point**
> 一般的に、類似業種比準価額のほうが純資産価額よりも低い場合が多く、類似業種比準価額の使用割合が大きいほど、自社株の相続税評価額は低くなると考えられます！

第3章　事業承継対策提案で参考となる基本情報

36 同族株主判定

　非上場株式の評価をする場合、同じ会社の株式でも同族株主のいる会社かどうか、同族株主かどうか、議決権割合がどれだけかによってその評価方法が異なります。

　同族株主の定義及び各株主が採用する評価方式の判定基準は以下のとおりです。

1．同族株主のいる会社の評価方式の判定

株主の態様				評価方式
同族株主※1	取得後の議決権割合が5%以上の株主			原則的評価方式
	取得後の議決権割合が5%未満の株主	中心的な同族株主※2がいない場合		
		中心的な同族株主※2がいる場合	中心的な同族株主※2	
			役員である株主または役員となる株主	
			その他株主	配当還元方式
同族株主以外の株主				

2．同族株主のいない会社の評価方式の判定

株主の態様				評価方式
議決権割合の合計が15%以上の株主グループに属する株主	取得後の議決権割合が5%以上の株主			原則的評価方式
	取得後の議決権割合が5%未満の株主	中心的な株主※3がいない場合		
		中心的な株主※3がいる場合	役員である株主または役員となる株主	
			その他株主	配当還元方式
議決権割合の合計が15%未満の株主グループに属する株主				

※1 「同族株主」とは、株主1人及びその同族関係者の有する議決権の合計数がその会社の議決権総数の30%以上である場合における、その株主グループをいいます。

　　ただし、評価会社の株主のうち、株主1人及びその同族関係者の有する議決権の合計数が最も多いグループの有する議決権の合計数が、その会社の議決権総数の50%超である場合には、その50%超の議決権を有する同族関係者グループに属する株主グループとなります。

※2 「中心的な同族株主」とは、同族株主のいる会社の株主で課税時期において同族株主の1人並びにその株主の配偶者直系血族、兄弟姉妹及び1親等の姻族（これらの者の同族関係者である会社（法人税法施行令第4条第2項に掲げる会社をいいます）のうち、これらの者が有する議決権の合計数がその会社の議決権総数の25%以上である会社を含みます）の有する議決権の合計数がその会社の議決権総数の25%以上である場合におけるその株主をいいます（右図参照）。

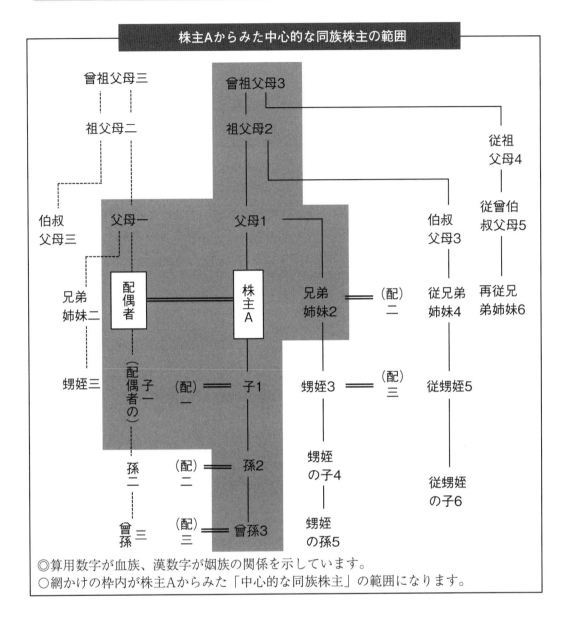

◎算用数字が血族、漢数字が姻族の関係を示しています。
○網かけの枠内が株主Aからみた「中心的な同族株主」の範囲になります。

※3 「中心的な株主」とは、同族株主のいない会社の株主で課税時期において株主の1人及びその同族関係者の有する議決権の合計数がその会社の議決権総数の15％以上である株主グループのうち、いずれかのグループに単独でその会社の議決権総数の10％以上の議決権を有している株主がいる場合におけるその株主をいいます。

第3章 事業承継対策提案で参考となる基本情報

37 会社規模の判定

1．会社規模の判定フロー

会社規模は、評価会社の「従業員数」、「総資産価額（帳簿価額）」、「取引金額（売上高）」により判定し、大会社、中会社、小会社に区分します。

会社規模の判定は、一般的に下記の判定表により行います。

はじめに「従業員数」による判定です。従業員数が70人以上の場合は無条件に大会社となります。しかし、70人未満の場合は、純資産価額及び取引金額と組み合わせて判定を行っていきます。

具体的には、まず「純資産価額（帳簿価額）」と「従業員数」とのいずれか小さいほうの区分を判定します。その後、「取引金額（売上高）」とのいずれか大きい区分により判定された会社規模がその会社の規模となります。

［会社規模の判定表］

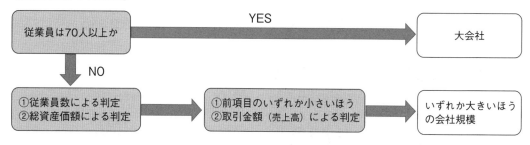

会社の規模		従業員数	純資産価額（帳簿価額）			取引金額（売上高）		
			卸売業	小売業・サービス業	左記以外の業種	卸売業	小売業・サービス業	左記以外の業種
大会社		70人以上							
		35人超	20億円以上	15億円以上	15億円以上	30億円以上	20億円以上	15億円以上
中会社	大		4億円以上	5億円以上	5億円以上	7億円以上	5億円以上	4億円以上
	中	20人超	2億円以上	2.5億円以上	2.5億円以上	3.5億円以上	2.5億円以上	2億円以上
	小	5人超	7千万円以上	4千万円以上	5千万円以上	2億円以上	6千万円以上	8千万円以上
小会社		5人以下	7千万円未満	4千万円未満	5千万円未満	2億円未満	6千万円未満	8千万円未満

2．具体例

　では、具体例で判定してみましょう。

　例えば、業種が小売業であるＡ社（従業員数45人、総資産額8億円、売上高23億円）の場合、従業員数は70人未満ですので、総資産価額と従業員数との判定を行います。小売業ですので総資産額は5億円以上の欄に該当します。一方、従業員数は35人超の欄に該当します。結果として、総資産価額の区分が小さいほうの区分（中会社（大））に該当します。

　次に取引金額（売上高）ですが、小売業の場合、20億円以上の欄に該当します。ここでは、先に判定した従業員数の欄と比較していずれか大きいほうの区分となりますので、取引金額（売上高）の区分（大会社）が選択され、結果としてＡ社は、大会社の会社規模と判定されます。

［会社規模判定例］

従業員数に応ずる区分	70人以上	大会社
	70人未満	下の表へ

会社の規模		従業員数	純資産価額（帳簿価額）			取引金額（売上高）		
			卸売業	小売業・サービス業	左記以外の業種	卸売業	小売業・サービス業	左記以外の業種
大会社		70人以上						
		35人超	20億円以上	15億円以上		30億円以上	20億円以上	15億円以上
中会社	大		4億円以上	5億円以上		7億円以上	5億円以上	4億円以上
	中	20人超	2億円以上	2.5億円以上		3.5億円以上	2.5億円以上	2億円以上
	小	5人超	7千万円以上	4千万円以上	5千万円以上	2億円以上	6千万円以上	8千万円以上
小会社		5人以下	7千万円未満	4千万円未満	5千万円未満	2億円未満	6千万円未満	8千万円未満

いずれか下位の区分　　　　　　　いずれか上位の区分

第3章 事業承継対策提案で参考となる基本情報

38 特定会社判定

1. 特定会社かどうかの判断フロー

特定の評価会社に該当するかどうかは、次の手順で判定します。

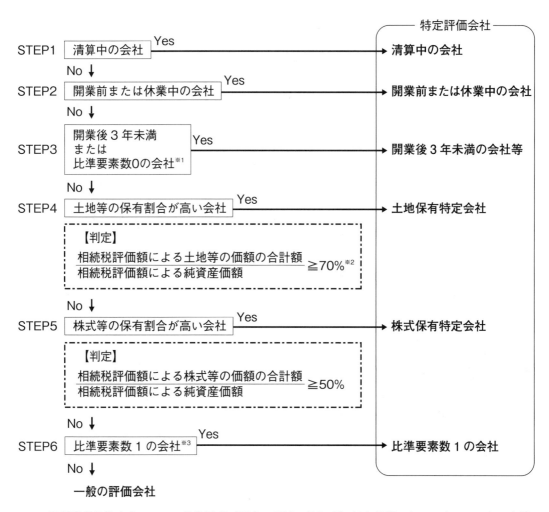

※1 類似業種比準方式の3つの比準要素（配当、利益、純資産）が直前期において全て0である会社をいいます。
※2 中会社または一定の小会社である場合には90％で判定します。
※3 類似業種比準方式の3つの比準要素（配当、利益、純資産）が直前期末を基とした場合にいずれか2つが0であり、かつ、直前々期末を基とした場合の3つの比準要素についてもいずれか2つ以上が0の会社をいいます。

２．特定会社の株価評価

特定の評価会社に該当した場合には、その区分に従い、以下の方法によりその株価を評価します。

区分	原則的評価方式	特例的評価方式
比準要素数１の会社	次のいずれか低い金額 ①１株あたりの純資産価額[※1] ②類似業種比準価額× 0.25 ＋ 　１株あたりの純資産価額[※1] × 0.75	次のいずれか低い金額 ①配当還元価額 ②原則的評価方式により評価した金額
株式保有特定会社	次のいずれか低い金額 ①１株あたりの純資産価額[※1] ②S1の金額＋S2の金額[※2]	
土地保有特定会社	１株あたりの純資産価額[※1]	
比準要素数０の会社		
開業後３年未満の会社		
開業前または休業中の会社	１株あたりの純資産価額（100分の80の特例なし）	
清算中の会社	清算の結果分配を受ける見込みの金額 ×　課税時期から分配を受けると見込まれる日までの期間（１年未満切上）に応ずる基準年利率による複利年金原価率	

[※1] その株式の取得者とその同族関係者の議決権割合の合計が50%以下である場合には、１株あたりの純資産価額に100分の80を乗じて計算した金額とします。

[※2] S1の金額…会社の規模に応じ、一定の修正をした類似業種比準価額と一定の修正をした１株あたりの純資産価額を折衷した金額

S2の金額…株式等のみを用いて計算した１株あたりの純資産価額

第3章　事業承継対策提案で参考となる基本情報

39 類似業種比準価額の計算

　類似業種比準価額方式では、評価会社の①「配当」、②「利益」、③「純資産」の3要素を基準に類似する業種の上場会社の株価に比準して、株価を計算します。

1．類似業種比準価額の計算方法

　類似業種比準価額方式とは、類似する業種の上場会社の株価に比準して自社株の評価額を計算する評価方法をいいます。株価の価格形成要素としては、配当や利益、純資産価額のほか、事業内容や将来性、経営者の手腕などがあり、これら全ての項目を比準することが望ましいのですが、数値として把握することが難しいため、最も基本的な要素である評価会社の配当・利益・純資産をもとに計算します。

類似業種比準価額の計算式

$$
\text{類似業種}\atop\text{の株価} \times \dfrac{\dfrac{\text{評価会社の}}{\text{1株あたり年配当金額}}\Big/\dfrac{\text{類似業種の}}{\text{1株あたり年配当金額}} + \dfrac{\text{評価会社の1株あたり利益金額}^{(注1)}}{\text{類似業種の1株あたり利益金額}} + \dfrac{\text{評価会社の1株あたり簿価純資産価額}}{\text{類似業種の1株あたり簿価純資産額}}}{3} \times 斟酌率^{(注2)} \times \dfrac{\text{1株あたりの資本金等の額}}{50円}
$$

(注1)　1株あたりの資本金等の額を50円とした場合の金額
(注2)　斟酌率は、大会社0.7、中会社0.6、小会社0.5となります

2．類似業種比準価額のポイント

①比準する3要素は「配当」「利益」「純資産」

　比準する類似業種に比べて自社の3要素が高い場合には、結果として自社株の評価額も高くなります。また、業種目は、評価会社の主たる業種目により判定することになります。複数の業種目を兼業している場合には、単独の業種目の取引金額が50％を超える業種目により判定します。

②3要素は、原則として直前期・直前々期の決算数値を使用

　決算期をまたぐと比準要素が変わり株価も変わります。つまり、決算での業績が株価に影響します。

3．計算例

X社の自社株評価に向け、類似業種比準価額を計算してみましょう（X社は大会社に該当しませんので、実際の自社株評価には、別途純資産価額の計算も必要です。③、④参照）。

【会社の概要】

業種	卸売業
会社規模	中会社の中
発行済株数	2,000 株
1 株あたりの資本金等の額	50,000 円

【類似業種比準価額を計算するための値】

X 社		類似業種（卸売業）	
1 株あたりの年配当額	4 円	1 株あたりの年配当額	2 円
1 株あたりの年利益金額	60 円	1 株あたりの年利益金額	20 円
1 株あたりの純資産額	600 円	1 株あたりの純資産額	150 円
		株　価	150 円

【計算式】

$$150円 \times \dfrac{\dfrac{4円}{2円} + \dfrac{60円}{20円} + \dfrac{600円}{150円}}{3} \times 0.6 \times \dfrac{50,000円}{50円} = 270,000円$$

X社の類似業種比準価額は、270,000円となります。

第3章　事業承継対策提案で参考となる基本情報

40 純資産価額の計算

　純資産価額方式は、会社の資産の額から負債の額を控除した純資産価額を自社株の価値とする方法です。つまり、会社の清算価値に着目した評価方法となります。

1．純資産価額の計算方法

　純資産価額方式とは、会社の資産および負債を相続税評価額に評価替えして、株価を計算する方法をいいます。具体的には、以下のように計算します。

純資産価額の計算式

$$\frac{純資産（帳簿価額）＋\{含み益^{(注1)}×（1-37\%^{(注2)}）\}}{発行済株式数}$$

（注1）含み益…相続税評価額による純資産価額から帳簿価額による純資産価額をマイナスすることにより計算します。また、含み損となる場合には、帳簿価額による純資産価額からその含み損となる金額を減額します。
（注2）37%…会社が解散したものと仮定した場合の法人税等の税率です。

＜純資産価額のイメージ図＞

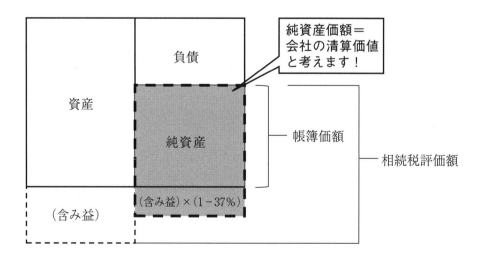

2．計算例

X社の純資産価額を計算してみましょう。

【会社の概要】

業種	卸売業
会社規模	中会社の中
発行済株数	2,000 株

【貸借対照表と相続税評価額】

貸借対照表

土地	2億円	借入金	3億円
その他資産	8億円	資本金	2億円
		別途積立金等	5億円
合計	10億円	合計	10億円

【相続税評価額】

土地 ： 6億円

その他資産 ： 8億円

借入金 ： 3億円

【計算式】

①純資産（帳簿価格）は？　　7億円

②含み益は？

相続税評価 による純資産	帳簿価額 による純資産	含み益（差額）
11億円	7億円	4億円

③計算式

$$\frac{7億円 + 4億円 \times （1-37\%）}{2,000株} = 476,000円$$

X社の純資産価額は、476,000円となります。

＜参考＞X社の自社株評価

39で計算したX社の類似業種比準価額は270,000円でしたので、同社の一株あたりの評価額は以下のとおり計算されます（35参照）。

270,000円 × 0.75 + 476,000円 × 0.25 = 321,500円

第3章　事業承継対策提案で参考となる基本情報

41 配当還元価額の計算

　配当還元方式とは、同族株主等以外の者等が取得した株式の評価につき適用する評価方式で、会社の業績や資産内容等は考慮せず、会社から支払われる配当金額をもとに計算を行う評価方式のことをいいます。

1．具体的計算方法

　配当還元価額は、次の算式により計算します。

配当還元価額の計算式

$$配当還元価額 = \frac{その株式に係る年配当金額^{(注)}}{10\%} \times \frac{その株式の1株当たりの資本金等の額}{50円}$$

（注）その株式に係る年配当金額は次の算式によります。

$$\frac{（直前期の配当金額 + 直前々期の配当金額）\times \frac{1}{2}}{直前期末の資本金等の額 \div 50円}$$

※特別配当など毎期継続することが予想できないものは除く

※年配当金額が2円50銭未満（無配含む）は2円50銭の年配当があったものとして評価する

【計算例】

①直前期末の資本金等の額　1,000万円

②発行済株式数　2万株

③1株あたりの資本金等の額　500円

④直前期末の配当金額　100万円

⑤直前々期末の配当金額　100万円

$$その株式に係る年配当金額：\frac{（100万円 + 100万円）\times \frac{1}{2}}{1,000万円 \div 50円} = 5円$$

$$配当還元価額：\frac{5円}{10\%} \times \frac{500円}{50円} = 500円$$

　ただし、原則的評価方式による評価額（類似業種比準価額、純資産価額もしくは両者の併用方式による価額）が、配当還元価額よりも低いときは、原則的評価方式によることができます。

２．価額の修正等

　課税時期後に配当金交付の効力が発生した場合や、新株式発行の効力が発生した場合でも、配当還元価額の修正は必要ありません。ただし、配当期待権、新株引受権等が、別途財産として評価されます。

３．医療法人の場合

　医療法人の出資持分を評価する場合、医療法人は配当が禁止されているので、配当還元方式による評価はできません。

４．配当還元方式による評価ができる場合の具体例

①同族株主以外の株主

株主	Ａとの関係	会社における役職	議決権割合
Ａ	本　人	代表取締役	51％
Ｂ	Ａの友人	な　し	49％

　Ａの評価…原則的評価方式

　Ｂの評価…配当還元方式

　筆頭株主グループの議決権割合が50％超でＢは筆頭株主グループに属さないため、配当還元方式による評価となります。

②同族株主だが議決権割合が低く役員でない株主

株主	Ａとの関係	会社における役職	議決権割合
Ａ	本　人	代表取締役	25％
Ｂ	Ａの妻	な　し	10％
Ｃ	Ａの弟	専務取締役	4％
Ｄ	Ｃの長男	な　し	2％
Ｅ	Ａの友人	常務取締役	29％
その他			30％

　Ａ、Ｂ、Ｃ…原則的評価方式

　Ｄ、Ｅ…配当還元方式

　Ａ、Ｂ、Ｃ、Ｄは筆頭株主グループとなりますが、ＣとＤは議決権割合が５％未満のため、少数株式所有者（その他株主）に該当するか判定を行います。

　その結果、Ｃは役員なので原則的評価方式、Ｄは役員ではなく、かつ、Ａ、Ｂ、Ｃは中

第3章　事業承継対策提案で参考となる基本情報

心的な同族株主となりますが、Dはなりませんので、配当還元方式による評価となります。
Eは、同族株主に属さないので、配当還元方式による評価となります。

③同族株主がいないケース、筆頭株主グループに属すが役員でない株主

株主	Aとの関係	会社における役職	議決権割合
A	本　人	代表取締役	15％
B	Aの妻	専務取締役	4％
C	Aの長男	な　し	4％
その他	同族関係者は一切いない		77％

　A、B…原則的評価方式

　C…配当還元方式

　筆頭株主グループA、B、Cの議決権割合が15％以上30％未満で、Aは中心的な株主となるので原則的評価方式、Bは議決権割合5％未満ですが役員なので原則的評価方式、Cは役員でなく他に中心的な株主がいるので配当還元方式の評価となります。

　以上①〜③の判定についてはを**36**を参照してください。

─── コラム　特例承継計画の提出 ───

　2018 年度税制改正において、事業承継税制の特例措置が創設されました（制度については 23 を参考にして下さい）。この特例措置を受ける場合には、中小企業者は経営承継円滑化法に基づく都道府県知事の認定を受ける必要がありますが、認定を受けるためには、まず『特例承継計画』を都道府県に提出し、確認を受ける必要があります。

1．納税猶予（特例措置）を適用するための手続

　制度を適用するためには、①特例承継計画の作成・提出、②株式の贈与・相続、③認定申請、④税務申告の順で手続が必要となります。なお、株式の承継の前に特例承継計画を提出できなかった場合でも、認定申請を行う際に併せて、特例承継計画を提出することも可能です（①と②は前後問わない）。

2．特例承継計画における記載事項

　特例承継計画への記載事項は次のとおりです。

	項　目	内　容
1	会社について	経営承継円滑化法の認定を受けようとする事業者の名称
2	特例代表者について	特例代表者は特例承継計画提出時に現に代表者である方、または代表者であった方
3	特例後継者について	特例代表者から株式を承継する予定の後継者の氏名を記載（最大 3 人まで）
4	特例代表者が有する株式等を特例後継者が取得するまでの期間における経営の計画について	株式を承継する予定の時期、当該時期までの経営上の課題、当該課題への対処方針について記載
5	特例後継者が株式等を承継した後 5 年間の経営計画	特例後継者が実際に事業承継を行った後の 5 年間で、どのような経営を行っていく予定か、具体的な取組内容を記載

※上記の記載事項について認定経営革新等支援機関の所見も必要となります。所見欄には、経営革新等支援機関の立場から、その取組みへの評価や、実現可能性（及びその実現可能性を高めるための指導・助言）を記載します。

3．特例承継計画の提出期限

　計画書の提出期限は 2023 年 3 月 31 日までとされていますので、制度を利用する可能性があるのであれば、なるべく早い段階で計画書の作成を済ませておくほうがベターであるといえます。

出所：中小企業庁 財務課「特例承継計画に関する指導及び助言を行う機関における事務について」

第3章　事業承継対策提案で参考となる基本情報

42 相続税の納税猶予制度

1．概要

　後継者が相続または遺贈により取得した議決権株式等に係る相続税が猶予されます。また、相続前から後継者が既に保有していた株式等を含めて当該中小企業の発行済議決権株式等の総数の全てが対象となります。

　この制度の適用を受けるためには、経営承継円滑化法に基づく都道府県知事の「認定」を受け、報告期間中（原則として相続税の申告期限から5年間）は後継者が会社の代表者であること等の要件を満たす必要があり、報告期間終了後も、後継者が対象株式等を継続保有することなどが求められます。

(注)2018年度税制改正において事業承継税制が大きく改正され、10年間限定の特例措置が設けられました。新制度の適用にあたっては、2023年3月31日までに「特例承継計画」を都道府県に提出し、確認を受ける必要があります。

2．要件

①先代経営者（被相続人）の要件

・会社代表者であったこと

・相続開始直前において、先代経営者とその同族関係者で、発行済議決権株式の50%超を保有し、かつ同族内（後継者を除く）で筆頭株主であったこと　　　　　　　　　　　等

②後継者（相続人）の要件

・相続開始の直前において対象会社の役員であること。ただし、被相続人が60歳未満の場合を除く（先代経営者の親族外でも適用される）。

・相続開始の日の翌日から5カ月を経過する日において、代表者であること

・相続の開始後、後継者とその同族関係者で、発行済議決権株式の50%超を保有し、かつ同族内で筆頭株主となること　　　　　　　　　　　　　　　　　　　　　　　等

③対象会社要件

・経営承継円滑化法の認定を受けた中小企業であること

・非上場会社であること

・資産保有型会社または資産運用型会社でないこと　　　　　　　　　　　　　　　等

④主な事業継続要件

　5年間はイ～ヘ、5年経過後はホ及びヘを満たす必要があります。

イ．後継者が会社の代表者であること

ロ．雇用の8割以上を5年間平均で維持すること（満たせなかった場合には理由報告が必要）

ハ．後継者が同族内で筆頭株主であること

ニ．上場会社、風俗営業会社に該当しないこと

ホ．対象株式を継続保有していること

ヘ．資産保有型会社等に該当しないこと

3．納税猶予の免除

　次の免除要件に該当することとなった場合には、税務署に免除申請を行い、納税猶予額の免除を受けることができます。

・後継者が死亡した場合

・経営承継期間経過後に、後継者（2代目）がその次の後継者（3代目）に贈与した場合において、3代目が贈与税の納税猶予制度の適用を受けるとき　　　　　　　　等

4．手続きの流れ

| 相続・遺贈 | ●先代から後継者へ株式の相続または遺贈 |

| 承継計画の策定 | ●会社が作成し、認定支援機関が所見を記載
※2023年3月31日までに提出が必要 |

都道府県庁

| 認定 | ●相続発生後5カ月を経過する日の翌日から8カ月を経過する日までの間に円滑化法の申請
●審査後、認定書の交付 |

税務署

| 申告 | ●相続税の申告（認定書を添付）、担保提供 |

相続税の納税猶予の報告（5年間）

都道府県庁

| 年次報告 | ●都道府県へ「年次報告書」を提出
※継続要件を維持していることなどを報告 |

税務署

| 継続届出 | ●税務署へ「継続届出書」を提出（年1回）
（年次報告の確認書を添付）
※引き続き特例を受けたい旨などを届出 |

5年間経過後

税務署

| 継続届出 | ●税務署へ「継続届出書」を提出（3年に1回） |

第3章　事業承継対策提案で参考となる基本情報

43 贈与税の納税猶予制度

1．概要

　後継者が贈与により取得した議決権株式等に係る贈与税の 100% が猶予されます。また、贈与前から後継者が既に保有していた株式等を含めて当該中小企業の発行済議決権株式等の総数の全てが対象となります。

　この制度の適用を受けるためには、経営承継円滑化法に基づく都道府県知事の「認定」を受け、報告期間中（原則として贈与税の申告期限から5年間）は雇用確保等の要件を満たす必要があり、その後は、後継者が対象株式等を継続保有することなどが求められます。

(注) 2018 年度税制改正において事業承継税制が大きく改正され、10 年間限定の特例措置が設けられました。新制度の適用にあたっては、2023 年 3 月 31 日までに「特例承継計画」を都道府県に提出し、確認を受ける必要があります。

2．主な要件

①先代経営者（贈与者）要件

・会社代表者であったこと

・贈与時までに代表者を退任すること

・贈与の直前において、先代経営者とその同族関係者で発行済議決権株式総数の 50% 超を保有し、かつ同族内（後継者を除く）で筆頭株主であったこと　　　　　　　　　　等

②後継者（受贈者）要件

・会社の代表者であること

・20 歳以上、かつ役員就任から 3 年以上経過していること

・贈与後、後継者とその同族関係者で発行済議決権株式総数の 50% 超を保有し、かつ同族内で筆頭株主となること

・複数人で承継する場合、議決権割合の 10% 以上を有し、かつ議決権保有割合上位 3 位までの者（代表権を有している者に限る）　　　　　　　　　　　　　　　　　　　等

③対象会社要件

　相続税の納税猶予と同様

④事業継続要件

　相続税の納税猶予と同様

3．贈与者が死亡した場合

　先代経営者（贈与者）が死亡した場合には、猶予されていた贈与税は免除された上で、

110

贈与を受けた株式等を先代経営者から相続または遺贈により取得したものとみなして相続税が課税されます（贈与時の価額で計算されます）。その際、都道府県知事の確認（切替確認）を受けることにより、相続税の納税猶予を受けることができます。

4．手続きの流れ

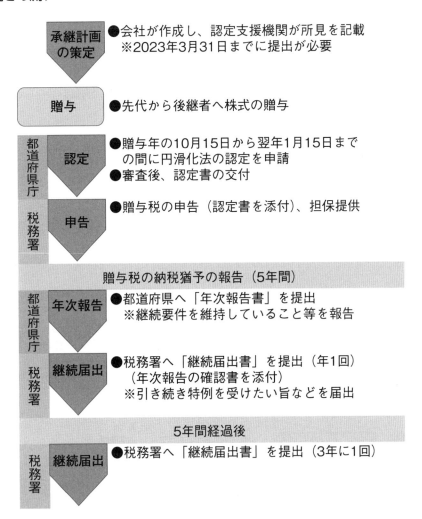

5．相続時精算課税との併用

　後継者が贈与税の納税猶予の適用を受ける際に、相続時精算課税制度を選択することができます。

第3章 事業承継対策提案で参考となる基本情報

44 相続税・贈与税の納税猶予制度のメリット・デメリット

1．メリット

・納税を一部猶予することができるため、資金の流出を防ぐことができます。
・3代目まで、株式承継を早期に実現することが可能です。

2．デメリット

・納税猶予制度のため、納税が免除されるわけではありません。
・現経営者は代表取締役を辞任する必要があります。
・万が一、適用要件を満たさなくなった場合、本税とともに利子税を納付しなければなりません。

3．相続税・贈与税の納税猶予制度の活用パターン

① 1代目の相続後に2代目から3代目への贈与を行うパターン

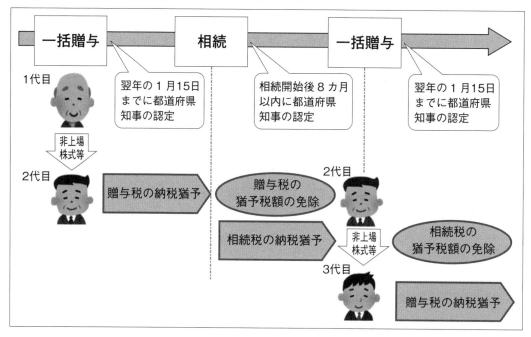

② 1代目存命中に2代目から3代目への贈与を行うパターン（2015年4月1日以降）

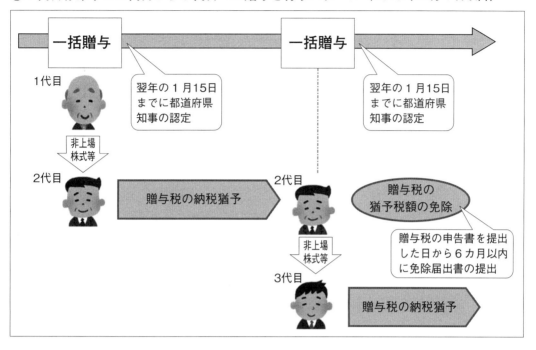

第3章　事業承継対策提案で参考となる基本情報

45 非上場株式の適正時価

　非上場株式は、上場株式と違い市場がないため客観的な時価を把握することができません。そのため、親族間などで株式の移動を行う場合には、原則として税法上に定められた評価方法に従い算定した株価（適正時価）を基に売買などを行います。

　適正時価より低い価額で売買を行った場合や高い価額で売買を行った場合については、さまざまな課税関係が発生するので注意したうえで提案する必要があります。

1．譲渡時の適正時価

　非上場株式を譲渡した場合は、その譲渡の形態により適正時価が定められます（次表参照）。

譲渡形態	売主側の適正時価	買主側の適正時価
個人から個人	相続税評価額	
個人から法人	所得税評価額	法人税評価額
法人から個人	法人税評価額	所得税評価額
法人から法人	法人税評価額	

①相続税評価額

　財産評価基本通達をベースに株価を算定します。

　　・同族株主⇒原則的評価方式

　　　　　　会社規模に応じ、類似業種比準価額方式・純資産価額方式をベースに算定

　　・同族株主以外⇒特例的評価方式

　　　　　　配当還元価額で評価

②所得税評価額

　財産評価基本通達をベースに下記の条件（所基通59-6）を加味して株価を算定します。

　　イ．同族株主の判定は、譲渡の直前の議決権数によって判定

　　ロ．中心的な同族株主に該当する場合には、小会社方式によって評価

　　ハ．純資産価額方式の計算上、土地や上場有価証券は時価で評価

　　ニ．純資産価額方式の計算上、法人税額等相当額の37％控除は行わない

③法人税評価額

　課税上弊害がない限り、財産評価基本通達をベースに下記の条件（法基通9-1-14）を加味して株価を算定します。

　　イ．中心的な同族株主に該当する場合には、小会社方式によって評価

　　ロ．純資産価額方式の計算上、土地や上場有価証券は時価で評価

ハ．純資産価額方式の計算上、法人税額等相当額の37％控除は行わない

2．低額譲渡を行った場合

譲渡形態	売主側の課税関係	買主側の課税関係
個人から個人	譲渡所得税課税	適正時価との差額に贈与税課税
個人から法人	譲渡所得税課税 ※時価の2分の1未満で譲渡した場合時価で譲渡したものとみなされる。	適正時価との差額に受贈益（法人税）課税
法人から個人	適正時価により譲渡益を計算 適正時価との差額は 　　寄付金 　　　or 　　賞与（役員に売った場合）	適正時価との差額に所得税課税 　　一時所得 　　　or 　　給与所得（役員）
法人から法人	適正時価により譲渡益を計算 適正時価との差額は寄付金	適正時価との差額に受贈益（法人税）課税

3．高額で譲渡した場合

譲渡形態	売主側の課税関係	買主側の課税関係
個人から個人	①適正時価で譲渡所得税課税 ②適正時価との差額は贈与税課税	課税関係なし
個人から法人	①適正時価で譲渡所得税課税 ②適正時価との差額は 　　一時所得 　　　or 　　給与所得（役員）	適正時価との差額は 　　寄付金 　　　or 　　賞与（役員から買った場合）
法人から個人	譲渡益に対して法人税課税	課税関係なし
法人から法人	譲渡益に対して法人税課税	適正時価との差額は寄付金

第3章 事業承継対策提案で参考となる基本情報

46 名義株の留意点

1．名義株式とは

　名義株式とは、その株式の名義が、本来の所有者とは異なっているものであり、将来において真の所有者が株主であるとみなされる可能性がある株式を言います。例えば、株主名簿には、家族や役員等の名前が記載されているが、これらの株式の本来の所有者はオーナーの場合、オーナーに万が一のことがあった場合、これらの名義株式は、全て被相続人（オーナー）の相続財産として、相続税の課税対象となってしまう可能性があります。

2．名義株式が生じる主な理由

①設立時：

　発起人から名義だけを借りて会社を設立したが、その後、株主名簿の記載を修正することなく、そのままになっているケース

②増資時：

　第三者割当増資の際、子供の払込資金まで、オーナーが負担しているケース

③贈与時：

　株式を贈与する際、贈与の正式な手続き、意思確認をしないで、株主名簿（または法人税申告書別表二）だけを書き換えているケース

3．名義株式の問題点

　名義株式のまま放置されている場合には、相続時に被相続人（オーナー）の相続財産と認定されて、相続税の課税対象となってしまう可能性があります。

　また、会社運営にも支障が生じたり、事業承継・組織再編・M&A 等の障害になることも予想されます。

4．名義株式の予防方法

　名義株式と認定されないためには、正しい手続き、対策を行っておく必要があります。少なくとも以下の点に留意する必要があります。

①配当金を各株主の口座に振り込みます。各株主は、その口座の通帳・印鑑を自ら管理して、所得税の確定申告も行います。

②株主総会の都度、株主総会招集通知を各株主宛にきちんと発送します。

③株主総会を実際に開催して、議事録（会議録）をしっかり残します。

④株式移動時には、「株式贈与契約書」または「株式売買契約書」を作成します。株式譲

渡人、譲受人の双方が、契約書に自署押印し、契約書には確定日付を取ります。また、株式の譲渡承認決議に必要な取締役会議事録等を作成します。

5．名義株式の処理

名義株式の問題を解消するには、大きく分けて「合意による取得」と「強制的な取得」が考えられます。

	解決方法	利点	難点
合意による取得	真の株主への 名義書き換え[※1]	・紛争リスクが低い ・買取資金が不要	・贈与認定リスク
	真の株主による買取[※2]	・紛争リスクが低い	・買取資金が必要 ・低額の場合にはみなし贈与
	会社による自己株式取得	・紛争リスクが低い	・低額の場合にはみなし譲渡リスク ・買取資金が必要（財源規制あり） ・自己株式取得の手続きが必要
強制的に取得	株式併合、 全部取得条項付種類株式	・強制的に取得可能	・紛争リスクあり ・株主総会特別決議が必要 ・時価による買取資金が必要
	相続人等に対する売渡請求	・強制的に取得可能	・株主総会特別決議が必要 ・時価による買取資金が必要（財源規制あり）

[※1] 真の株主への名義書き換えの手続上のポイント
・名義株主と本来の所有者が、「名義株式である旨の確認書」等を作成し、株式の名義を本来の所有者名義に変更します。
・贈与と認定されないためには、出資状況、株券の保管状況、配当の状況、贈与の申告の有無、株主としての認識の有無、権利行使の状況等を客観的に判断し、立証する必要があります。
[※2] 真の株主による買取の手続き上のポイント
・「株式売買契約書」を作成し、株式の名義を本来の所有者名義に変更します。株式の売買に伴い、本来の所有者は売却代金を名義株主に支払います。
・株式を譲渡した名義株主は、株式の譲渡所得について確定申告を行います。

第3章　事業承継対策提案で参考となる基本情報

47 相続税の計算のしくみ

1．課税価格の合計額の計算

課税価格の合計額は、被相続人の本来の相続財産に①みなし相続財産（※1）を加え、②非課税財産（※2）を控除し、③相続時精算課税制度を選択して受けた贈与財産を加算し、④債務および葬式費用を控除し、⑤相続開始前3年以内の贈与財産を加算して計算します。

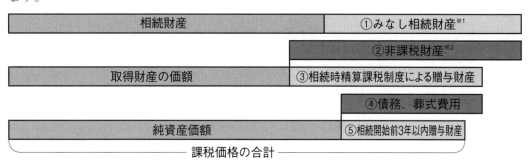

※1 みなし相続財産の例
　　・死亡保険金　　・死亡退職金
※2 非課税財産の例
　　・墓地や墓石
　　・相続によって取得したとみなされる生命保険金のうち500万円に法定相続人の数を掛けた金額までの部分

2．相続税の総額の計算

上記で計算した課税価格の合計額から、①基礎控除額（3,000万円＋600万円×法定相続人の数）を控除し、②相続人が民法の規定による法定相続分どおりに相続したものと仮定して各人の税額計算を行い（48の速算表を利用）、③それらを合計して、相続税の総額を計算します。

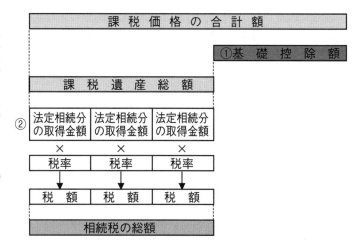

3．納付税額の計算

上記で算定した相続税の総額を、各取得者の課税価格の比率（実際に相続を受けた分の比率）で按分して、各人の相続税額を計算します[※1]。この相続税額をもとにして、取得者に応じた各種の加減算を行って、各人の納付税額が算出されます。

主な加減算として、次のものがあります。
・相続税の2割加算[※2]
・配偶者の税額軽減[※3]

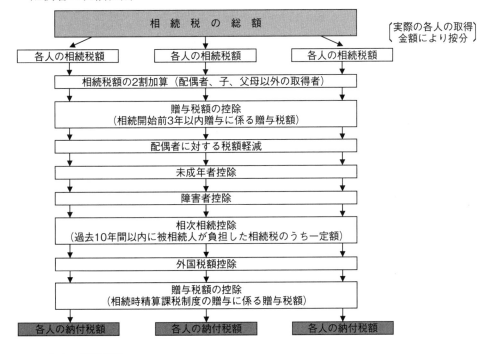

※1　各人の相続税額
　　各人の相続税額は、相続税の総額に基づいて、次の算式により計算されます。

※2　相続税の2割加算
　　財産を取得した者が、被相続人の一親等の血族および配偶者以外の場合には、相続税額が通常の税額に20％を加算した額になります。また、被相続人の孫養子（代襲相続人である者を除く）は対象となります。
※3　配偶者の税額軽減
　　配偶者の税額の軽減とは、被相続人の配偶者が遺産分割や遺贈により実際に取得した正味の遺産額が、次（①、②）の金額のどちらか多い金額までは配偶者に相続税はかからないという制度です。
（注）この制度の対象となる財産には、仮装または隠蔽されていた財産は含まれません。
　①1億6千万円
　②配偶者の法定相続分相当額

第3章　事業承継対策提案で参考となる基本情報

48 相続税の速算表・早見表

1．相続税の税率

　相続税の算出方法は、各人が相続などで実際に取得した財産に直接税率を乗じるというものではありません。

　正味の遺産額から基礎控除額を差し引いた残りの額を民法に定める相続分により按分した額に税率を乗じます。この場合、民法に定める相続分は基礎控除額を計算する時に用いる法定相続人の数に応じた相続分（法定相続分）により計算します。

　実際の計算に当たっては、法定相続分により按分した法定相続分に応ずる取得金額（千円未満の端数切捨）を下表に当てはめて計算し（金額×税率－控除額）、算出された金額（百円未満の端数切捨）が相続税の総額の基となる税額になります。

　「相続の開始の日（被相続人の死亡の日）」が2015年1月1日以後の場合、次のとおりとなります。

相続税の速算表

法定相続分に応ずる取得金額	税率	控除額
1,000万円以下	10%	0円
3,000万円以下	15%	50万円
5,000万円以下	20%	200万円
1億円以下	30%	700万円
2億円以下	40%	1,700万円
3億円以下	45%	2,700万円
6億円以下	50%	4,200万円
6億円超	55%	7,200万円

　この速算表で計算した法定相続人ごとの税額を合計したものが相続税の総額（百円未満の端数切捨）になります。

　なお、2014年12月31日以前に相続が開始した場合の相続税の税率は上記と異なります。

2．相続税の早見表

　上記に基づき、遺産額と相続人の状況に応じた相続税額をまとめると、次の表のとおりとなります。

（〔〕内は実質税率）

遺産額 ＼ 相続人	配偶者と子が法定相続人の場合			子だけが法定相続人の場合		
	配偶者と子1人	配偶者と子2人	配偶者と子3人	子1人	子2人	子3人
1億円	385万円〔4%〕	315万円〔3%〕	262万円〔3%〕	1,220万円〔12%〕	770万円〔8%〕	630万円〔6%〕
1.5億円	920万円〔6%〕	748万円〔5%〕	665万円〔4%〕	2,860万円〔19%〕	1,840万円〔12%〕	1,440万円〔10%〕
2億円	1,670万円〔8%〕	1,350万円〔7%〕	1,217万円〔6%〕	4,860万円〔24%〕	3,340万円〔17%〕	2,460万円〔12%〕
2.5億円	2,460万円〔10%〕	1,985万円〔8%〕	1,800万円〔7%〕	6,930万円〔28%〕	4,920万円〔20%〕	3,960万円〔16%〕
3億円	3,460万円〔12%〕	2,860万円〔10%〕	2,540万円〔8%〕	9,180万円〔31%〕	6,920万円〔23%〕	5,460万円〔18%〕
4億円	5,460万円〔14%〕	4,610万円〔12%〕	4,155万円〔10%〕	14,000万円〔35%〕	10,920万円〔27%〕	8,980万円〔22%〕
5億円	7,605万円〔15%〕	6,555万円〔13%〕	5,962万円〔12%〕	19,000万円〔38%〕	15,210万円〔30%〕	12,980万円〔26%〕
7億円	12,250万円〔18%〕	10,870万円〔16%〕	9,885万円〔14%〕	29,320万円〔42%〕	24,500万円〔35%〕	21,240万円〔30%〕
10億円	19,750万円〔20%〕	17,810万円〔18%〕	16,635万円〔17%〕	45,820万円〔46%〕	39,500万円〔40%〕	35,000万円〔35%〕
30億円	74,145万円〔25%〕	70,380万円〔23%〕	67,433万円〔22%〕	155,820万円〔52%〕	148,290万円〔49%〕	140,760万円〔47%〕
50億円	129,145万円〔26%〕	125,380万円〔25%〕	121,615万円〔24%〕	265,820万円〔53%〕	258,290万円〔52%〕	250,760万円〔50%〕

※税額は万円未満を、実質税率は小数点以下を四捨五入して表示しています。

第3章　事業承継対策提案で参考となる基本情報

49 贈与税の計算と税率

　贈与税の計算方法には原則的な課税方式である「暦年課税」と「相続時精算課税」の2種類があります。

1．暦年課税

　1月1日から12月31日までの1年間に贈与によりもらった財産の価額の合計から基礎控除額110万円を差し引きます。そして、その残りの金額に税率を乗じて税額を計算します。税率は1年間に受けた受贈財産の価額に応じて累進税率が適用されます。

2．相続時精算課税制度

①制度の概要

　生前贈与について、贈与時に贈与財産に対する贈与税を支払い、その後、将来の相続時に、その贈与財産と相続財産の合計額を基に計算した相続税額から、既に支払った贈与税を控除する制度です。

②適用対象者

贈与者	60歳以上の者
受贈者	20歳以上の子・孫である推定相続人 （養子・代襲相続人を含む）

※年齢要件は共に贈与年の1月1日時点で判定

③手続

　本制度の選択に係る最初の贈与を受けた年の翌年2月1日から3月15日までの間に、受贈者が、納税地の所轄税務署長に対して「相続時精算課税選択届出書」を受贈者の戸籍の謄本などの一定の書類とともに贈与税の申告書に添付して提出することとされています。

　この選択は、受贈者ごとに各々、また贈与者（父母等）ごとに選択可能です。

　本制度は選択適用ですが、最初の贈与の際の届出により、相続時まで本制度が継続して適用されることとなります。よって本制度選択以降、対象贈与者から対象受贈者への贈与については、暦年課税との併用はできません。また、本制度選択を撤回して再び暦年課税を利用することもできません。

④税額の計算

イ．贈与税額

　受贈額から非課税枠2,500万円を控除した後、一律20％の税率で課税されます。

ロ．相続税額

　相続時には、本制度に係る贈与財産の累計額と相続財産の額とを合算して計算した相続税額から、既に支払ったイ．の贈与税額を控除した額が納付すべき相続税額となります。この結果、算出税額がマイナスとなる場合には、当該金額の還付を受けることができます。

　相続財産と合算する贈与財産の価額は、贈与時の価額とされます。

〔計算例〕

前提
　過去に親から贈与財産3,000万円を受けた際に、相続時精算課税を選択、100万円の贈与税を納付した。その後相続が発生し、相続財産として1億円を受けた。相続税額2,120万円から納付済みの贈与税100万円を差し引き、納付すべき相続税額は2,020万円となった。

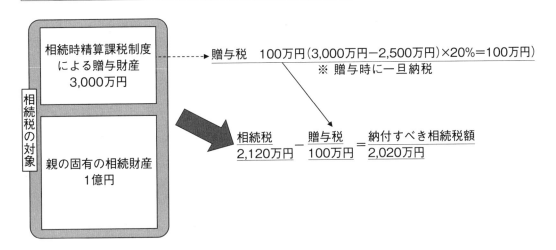

⑤留意点

　将来、価額の上昇が予想される財産について相続時精算課税制度を選択することにより、贈与時の低い価額で固定することができます。一方、価額が贈与時よりも下落したときは、贈与時の価額で相続財産に合算されるため不利になる場合があり、注意が必要です。

第3章　事業承継対策提案で参考となる基本情報

50 贈与税の速算表・早見表

1．贈与税の税率（暦年課税）

　贈与税の算出方法は、まず、その年の1月1日から12月31日までの1年間に贈与によりもらった財産の価額を合計します。

　続いて、その合計額から基礎控除額110万円を差し引きます（千円未満の端数切捨）。

　次に、その残りの金額に税率を乗じて税額を計算（金額×税率−控除額）します（百円未満の端数切捨）。

　2015年以降の贈与税の税率は、次のとおり、「一般贈与財産」と「特例贈与財産」に区分されました。

【一般贈与財産用】（一般税率）

基礎控除後の課税価格	税率	控除額
200万円以下	10%	0円
300万円以下	15%	10万円
400万円以下	20%	25万円
600万円以下	30%	65万円
1,000万円以下	40%	125万円
1,500万円以下	45%	175万円
3,000万円以下	50%	250万円
3,000万円超	55%	400万円

※この速算表は、「特例贈与財産用」に該当しない場合の贈与税の計算に使用します。

【特例贈与財産用】（特例税率）

基礎控除後の課税価格	税率	控除額
200万円以下	10%	0円
400万円以下	15%	10万円
600万円以下	20%	30万円
1,000万円以下	30%	90万円
1,500万円以下	40%	190万円
3,000万円以下	45%	265万円
4,500万円以下	50%	415万円
4,500万円超	55%	640万円

※この速算表は、直系尊属（祖父母や父母など）から、その年の1月1日において20歳以上の者（子・孫など）への贈与税の計算に使用します。

2．贈与税の早見表（暦年贈与）

上記に基づき、贈与額に応じた贈与税額をまとめると、次の表のとおりとなります。

（〔〕内は税負担率）

贈与額（基礎控除前）	一般贈与財産	特例贈与財産
100万円	0万円 〔0%〕	0万円 〔0%〕
200万円	9万円 〔4.5%〕	9万円 〔4.5%〕
300万円	19万円 〔6.3%〕	19万円 〔6.3%〕
500万円	53万円 〔10.6%〕	49万円 〔9.8%〕
1,000万円	231万円 〔23.1%〕	177万円 〔17.7%〕
3,000万円	1,195万円 〔39.8%〕	1,036万円 〔34.5%〕
5,000万円	2,290万円 〔45.8%〕	2,050万円 〔41.0%〕
10,000万円	5,040万円 〔50.4%〕	4,800万円 〔48.0%〕

※税額は万円未満を、実質税率は小数点2位以下を四捨五入して表示しています。

第3章　事業承継対策提案で参考となる基本情報

51 所得税・住民税の速算表

　事業承継に悩まれている企業オーナーや不動産オーナーの多くは高額の所得税に悩んでいることが多いようです。企業オーナーが同族会社から受け取る役員報酬や配当金、または不動産オーナーが賃借人から受け取る賃料については他の所得と総合して課税され、最高で55%（所得税率45%・住民税率10%）の税率で課税されることになります。我が国の現行の所得税・住民税の税率は以下のとおりです。

１．所得税の税率

　所得税の税率は、分離課税に対するものなどを除くと、5%から45%の7段階に区分されています。

　課税される所得金額（千円未満の端数切捨）に対する所得税の金額は下表に当てはめて計算（金額×税率－控除額）した金額になります。

所得税の速算表【2015年分以後の場合】

課税される所得金額	税率	控除額
195万円以下	5%	0円
195万円超330万円以下	10%	97,500円
330万円超695万円以下	20%	427,500円
695万円超900万円以下	23%	636,000円
900万円超1,800万円以下	33%	1,536,000円
1,800万円超4,000万円以下	40%	2,796,000円
4,000万円超	45%	4,796,000円

※ 2013年から2037年までの各年分においては、所得税のほか、復興特別所得税（原則としてその年分の基準所得税額の2.1%）が生じます。

2. 住民税の税率

　住民税は都道府県民税と市区町村民税を合わせたものです。そしてそれぞれに「所得割」「均等割」「調整控除」があります。次に掲げる算式により住民税額が計算されます。

　　住民税額 = 市区町村民税 + 都道府県民税 − 調整控除額※

　　　※調整控除額とは、配偶者控除・扶養控除・基礎控除（人的控除）について、所得税と住民税の間に控除額の差が生じているため、その差による影響をなくす目的で2007年から始まった制度です。

住民税の速算表

	所得割※	均等割	調整控除
市区町村民税	課税所得 × 6%	各自治体の額	【課税金額が200万円以下の場合】 1. 所得税との人的控除の差の合計 2. 課税金額 　調整控除 = 1、2のいずれか小さい金額 × 5%
都道府県民税	課税所得 × 4%	各自治体の額	【課税金額が200万円を超える場合】 1. 所得税との人的控除の差の合計 2. 課税金額 − 200万円 　調整控除 = （1 − 2） × 5% [注] (注)2,500円未満になる場合には2,500円

※分離課税の税率は除いており、税率を乗じて算出した金額から各種税額控除が控除されます。

第3章　事業承継対策提案で参考となる基本情報

52 株価評価のための収集資料一覧

株価評価をする際に収集すべき資料は以下のとおりです。

項　目	No	内　容	時　点	備　考	チェック欄
A．基礎資料	1	登記簿謄本 （履歴事項全部証明書）	最新のもの		
	2	会社定款	最新のもの		
	3	株主名簿 （各株主の続柄・役職、名義株がある場合はその内容）	最新のもの		
	4	役員名簿・親族関係図 （家系図）	最新のもの		
B．申告に関する資料	1	法人税申告書	直近3期		
	2	決算書	直近3期		
	3	勘定科目内訳書	直近3期		
	4	消費税申告書・地方税申告書	直近1期		
	5	固定資産台帳	直近1期		
	6	事業概況説明書	直近1期		
C．財産に関する資料		（土地）			
	1	土地の明細表 （住所の記載）	直前期末のもの	勘定科目内訳書に記載がある場合は不要	
	2	登記簿謄本			
	3	公図または地積測量図			
	4	住宅地図			
	5	固定資産税納税通知書	最新年度	評価額の記載がある部分または名寄帳など	
	6	土地賃貸借契約書		賃貸借がある場合	
	7	税務署への届出の有無		相当の地代に関する届出書・土地の無償返還に関する届出書	
	8	利用状況に関する資料		自己使用部分の確認（賃貸割合）	

項　　目	No	内　　容	時　点	備　　考	チェック欄
C．財産に関する資料		（建物）			
	1	建物の明細表	直前期末のもの	勘定科目内訳書に記載がある場合は不要	
	2	登記簿謄本			
	3	固定資産税納税通知書	最新年度	評価額の記載がある部分（名寄帳でも可）	
	4	建物賃貸借契約書		賃貸借がある場合	
	5	利用状況に関する資料		自己使用部分の確認（賃貸割合）	
		（電話加入権）			
	1	電話加入権の明細・本数			
		（有価証券・出資金）			
	1	銘柄・株数(口数)・簿価の明細表・時価等の資料	最新		
		（保険積立金）			
	1	生命保険契約解約返戻金の額に関する資料	課税時期	解約返戻金額の算出（保険会社へ依頼）	

第3章　事業承継対策提案で参考となる基本情報

53 株式譲渡契約書

通常株式を売買する場合には売買の事実を明確にするために、第三者との取引に限らず親子間でも株式譲渡契約書を交わします。

1. 主な留意点

株式譲渡契約書作成時の主な留意点は以下のとおりです。

①株式の内容（発行会社、株式の種類※、株数など）、株式を譲渡する日を明確にします。

　※種類株式発行会社の場合には、株式の種類を明確にします。

②譲渡価額、支払期日、支払方法を明確にします。

2. 実務上のポイント

株券発行会社が株式譲渡を行う場合の実務上のポイントは次のとおりです。

次頁の記載例は、株券発行会社の株式譲渡を前提にしたものです。

株券発行会社の株式譲渡については以下の点に留意が必要です。

まず、株券発行会社とは、その株式に係る株券を発行する旨の定款の定めがある株式会社をいいます（会社法117条7項）。株券発行会社の株式の譲渡は株券を交付しなければ、その効力が生じないこととなっていますので（同法128条1項）、株券発行会社の株式を譲渡する際には当事者間の意思表示と株券の交付が必要になります。

ただし、株券発行会社の株主は、その株券発行会社に対し、株式に係る株券の所持を希望しない旨を申し出ることができることとなっており、株券を発行していないケースもあります。同族関係者のみ、または社内の関係者のみが株主となっているような会社の場合、株主から株券不所持の申出を提出してもらい実際に株券を発行していない場合が見受けられます。例外的に株券を発行していない場合であっても株券発行会社の株式を譲渡したい株主は、会社に対して、株券の発行を請求して、株券の交付を受けた上で、株券の交付をしなければ譲渡の効力は生じないことに留意が必要です。

一方で、株券不発行会社の株式譲渡は当事者間の合意により譲渡が成立しますので、譲渡人と譲受人間で株式譲渡契約を締結することで、有効に株式譲渡を行うことが可能です。また、株券不発行会社の株式の譲渡を第三者に対抗するためには、株主名簿の名義書換を行う必要があります。

実務上のポイントとしては、事業承継対策で株券発行会社の株式を譲渡するにあたり、対象会社が例外的に株券を発行していないような場合には、対象会社の定款を変更して株券を発行する旨の定めの廃止の手続きを行い、株券不発行会社に変更した上で契約締結することをお勧めします。

＜譲渡契約書の雛型＞

株 式 譲 渡 契 約 書

　譲渡人〇〇〇〇（以下「甲」という）と、譲受人〇〇〇〇（以下「乙」という）は、次のとおり株式譲渡契約を締結した。

（目的）
第1条　甲は乙に対し、下記の株式を下記の金額で売り渡すことを約し、乙はこれを承諾した。

記

　　　1.　株　　　式
　　　　　銘　　　柄　　　株式会社〇〇〇〇
　　　　　種　　　類　　　普通株式
　　　　　株　　　数　　　　　　　　株
　　　2.　代　　　金
　　　　　1株につき　　　金　　　　　円
　　　　　合　　　計　　　金　　　　　円

（株券の交付）
第2条　甲は、前条の譲渡代金と引き換えに、前条の株式を表象する株券を乙に対し交付する。

（代金支払方法）
第3条　乙は、平成〇〇年〇〇月〇〇日までに、甲に対し第1条記載の譲渡代金を支払う。
　　　　その支払いは、甲が指定する口座に本件譲渡代金を振り込む方法により行う。

（協議条項）
第4条　本契約に定めのない事項については、本契約の趣旨に従い、甲乙誠実に協議のうえ、これを決する。

　以上の契約の成立を証するため、本書2通を作成し、各自署名押印の上、各1通を保有する。

　平成　　年　　月　　日
　　　　　　（甲）譲渡人　住　所　＿＿＿＿＿＿＿＿＿＿＿＿＿＿＿＿＿＿
　　　　　　　　　　　　　氏　名　＿＿＿＿＿＿＿＿＿＿＿＿＿＿＿＿＿＿㊞

　　　　　　（乙）譲受人　住　所　＿＿＿＿＿＿＿＿＿＿＿＿＿＿＿＿＿＿
　　　　　　　　　　　　　氏　名　＿＿＿＿＿＿＿＿＿＿＿＿＿＿＿＿＿＿㊞

第3章　事業承継対策提案で参考となる基本情報

54 株式贈与契約書

株式の贈与を行う場合の実務上のポイントは次のとおりです。

1．株式贈与契約書の作成

贈与契約は書面によらず、当事者の一方が自己の財産を無償で相手方に与える意思を表示し、相手方が受諾をすることによって、その効力が生じます（民法549条）。

つまり、贈与者の贈与したいという意思表示と、受贈者の贈与を承諾するという意思表示のみでその効力が生じ、書面によらず口約束でも有効に贈与契約が成立します。

しかし、相続が発生した場合などの税務調査の際に、過去の贈与の調査が行われることがあります。そのような場合に贈与があったことを客観的に立証するためにも株式贈与契約書を作成したほうがよいでしょう。

また、株式贈与契約書が後付けで作成されたものではないということの証明のために、作成した株式贈与契約書は公証人役場で確定日付を取得することをお勧めします。確定日付を取得することで、第三者に対して客観的に贈与日を証明することができます。

2．株式贈与契約書に記載する項目

株式贈与契約書の書式には決められた書式はありませんが、最低でも以下の事項は記載します。
・贈与者の住所、氏名または名称
・受贈者の住所、氏名または名称
・贈与する株式の具体的な内容
・贈与契約締結日

3．贈与契約の実行

贈与契約書を作成しても、実際に株式の贈与が行われていなければ贈与が完了したとは言えません。贈与契約書の内容どおりに贈与を実行してください。

4．株主名簿の書換え

贈与完了後には株主名簿の書換えを行ってください。併せて、法人税別表二への反映も忘れずに行ってください。

5．贈与税の申告

暦年課税の場合、贈与税の基礎控除額である110万円を超える株式の贈与が行われた

132

場合には、贈与税の申告が必要となります。

　財産をもらった年の翌年2月1日から3月15日の間に申告する必要があります。

　株式を贈与する場合には贈与の事実を明確にするために、親子間でもきちんと株式贈与契約書を交わしておくことが重要です。

＜株式贈与契約書＞

株 式 贈 与 契 約 書

　贈与者　○○○○（以下「甲」という）と、受贈者　○○○○（以下「乙」という）は、次のとおり株式贈与契約を締結した。

　第一条　甲は乙に対して下記株式を贈与することを約し、乙はこれを承諾した。

記

＿＿＿＿＿＿＿＿＿＿＿＿＿　普通株式　＿＿＿＿＿＿＿＿＿＿＿株

以上

以上の契約を証するため本契約書を作成し、甲乙両者署名押印する。

平成　　年　　月　　日

（甲）贈与者　　住　所　＿＿＿＿＿＿＿＿＿＿＿

　　　　　　　　氏　名　＿＿＿＿＿＿＿＿＿＿＿㊞

（乙）受贈者　　住　所　＿＿＿＿＿＿＿＿＿＿＿

　　　　　　　　氏　名　＿＿＿＿＿＿＿＿＿＿＿㊞

第3章 事業承継対策提案で参考となる基本情報

55 株式譲渡承認申請関係書類

1．株式譲渡承認申請書

　株式譲渡承認申請書は、譲渡人（売主）が譲渡制限の付いている株式を譲受人（買主）に譲渡する際、株式発行会社に対してその承認を求める際に使用します。

＜譲渡承認機関が取締役会の場合の株式譲渡承認申請書＞

株 式 譲 渡 承 認 申 請 書

平成○○年○○月○○日

○ ○ ○ ○ 株式会社　　御 中

住　　所
株　主
氏　　名

　私（当社）所有の貴社株式を下記のとおり譲渡いたしたく、貴社取締役会のご承認を申請いたします。
　なお、ご承認がいただけない場合には、他に譲渡の相手方をご指定ください。

記

1．譲渡をしようとする譲渡制限株式の数

譲 渡 制 限 株 式 の 種 類		株 式 の 数
	株式	株
	株式	株
	株式	株
	株式	株
合　　　　計		株

2．譲渡をしようとする相手方

氏名又は法人名	住	所

以上

２．株式譲渡承認書

　株式譲渡承認書は、譲渡人（売主）からの譲渡承認申請に対して株式発行会社が取締役会で承認された旨を譲渡人（売主）に通知する際に使用します。

＜譲渡承認機関が取締役会の場合の株式譲渡承認書＞

株 式 譲 渡 承 認 書

平成〇〇年〇〇月〇〇日

株主　〇〇〇〇殿

所在地
会社名
代表者氏名　〇〇〇〇　㊞

　平成〇〇年〇〇月〇〇日付で、貴殿（社）より提出されました当社株式の譲渡承認に係るご請求につきましては、当社取締役会においてご請求のとおり承認されました。

記

1. 譲渡を証明した株式に係る明細

譲 渡 制 限 株 式 の 種 類		株 式 の 数	
	株式		株
	株式		株
	株式		株
	株式		株
合　　　計			株

2. 譲渡を承認した相手方

氏名又は法人名	住　　　　　　　　所

以上

| 第3章　事業承継対策提案で参考となる基本情報 |

３．取締役会議事録

　取締役会議事録は、譲渡人（売主）からの譲渡承認申請に対して株式発行会社がその承認を決議した際に決議の内容を明確にするために作成する必要があります。

＜譲渡承認機関が取締役会の場合の取締役会議事録＞

取 締 役 会 議 事 録

日　　　　時　　平成○○年○○月○○日（○）　午前○時
場　　　　所　　東京都○○区○○丁目○○番○○号
　　　　　　　　　　　　　　　　　　本店会議室
取締役の総数　　　　　　　　○　名
出席取締役の数　　　　　　　○　名

　上記のとおり出席があったので、代表取締役社長○○○○は定款の規定により議長となり、定刻、開会を宣し議事に入った。

議　　案　　　株式譲渡承認に関する件

　議長は、今回下記のとおり当会社株式につき譲渡承認の請求があった旨を述べ、さらに当会社の株式を譲渡によって取得するには取締役会の承認を要する旨の定款第○条の規定を説明した後、この承認につき一同に意見を求めたところ、全員異議なくこれを承認し、ただちに株式譲渡承認書を交付することに決定した。
　（なお、取締役○○○○及び○○○○は、特別利害関係人に該当するため、決議には参加しなかった。）

記

譲渡承認請求者	譲渡する株式数	譲渡相手方

以上

以上をもって本日の議案を議了したので、議長は午前○時○分閉会を宣した。

　上記議事の経過の要領及びその結果を証するため、議長は本議事録を作成し、議長および出席取締役が次に署名押印する。
　　　平成○○年○○月○○日

【 会　社　名 】
取　締　役　会

議長　　代表取締役社長　　　○　○　○　○

出 席 取 締 役　　　○　○　○　○

出 席 取 締 役　　　○　○　○　○

第3章　事業承継対策提案で参考となる基本情報

56　従業員持株会規約

　従業員持株会は、通常、「従業員持株会規約」などの規則に則り運営されます。

この規約は、持株会の円滑な運営を行う上で不可欠な、様々なルールを定めたものです。

＜従業員持株会の規約雛型＞

●●従業員持株会規約

平成○年○月○日設立

（名称）
第1条　本会は●●従業員持株会（以下、会という）と称する。

（会の性格）
第2条　本会は、民法上の組合とする。

（目的）
第3条　本会は、●●株式会社（以下、会社という。）の株式を取得することにより会員の福利厚生と資産運用に資することを目的とする。

（資格）
第4条　本会の会員は、会社の従業員（以下、従業員という。）に限られる。ただし、○職以上の者を対象とする。

（入会および退会）
第5条　本会に入会を希望するものは、入会届出書を提出して入会するものとし、本会を退会する会員は、退会届出書を提出して退会することができる。なお、会員が前条に定める資格を喪失した場合には、自動的に退会するものとする。

（配当金）
第6条　本会の所有する理事長名義の株式に対する配当金は、会が受け入れた後、登録配分に応じて会員に配分する。

（増資新株式の払込）
第7条　理事長名義の株式に割当てられた増資新株式については、会員はこれを払い込むものとする。

（貸付金）
第8条　会および会社は、会員に対して貸付の斡旋を行うことが出来る。

（株式の登録配分）
第9条　第7条により取得した新株式または無償交付その他の原因により割当てられた株式は、割当日現在の会員の登録配分株数に応じて登録配分する。

（株式の管理および名義）
第10条　会員は、前条により自己に登録配分された株式を、理事長に管理させる目的をもって信託するものとする。
　　　　2. 前項により理事長が受託する株式は、理事長名義に書換えるものとする。

（議決権の行使）
第11条　理事長名義の株式の議決権は、理事長が行使するものとする。ただし、会員は各自の持分に相当する株式の議決権の行使について、理事長に対し各株主総会ごとに別の指示を与えることができる。

第3章　事業承継対策提案で参考となる基本情報

（現物組入）
第12条　会員は、自己の保有する株式を会の持分に組み入れることができる。

（持分の価格）
第13条　持分の1株当たりの価格は○円に定める。

（持分の一部引出し）
第14条　会員は登録配分された持分の一部について前条の価格で計算した金額を引出すことができる。ただ株券での引出しは認めない。
　　　　2．第8条により貸付を受けている場合は、前項にかかわらず、会員は、貸付に係る持分を引出すことができない。

（処分の禁止）
第15条　会員は、登録処分された株式を他に譲渡し、または担保に供することは出来ない。

（退会の持分返還）
第16条　会員が本会を退会（解散による退会を含む）したときは、持分の全部につき第13条の価格で計算した金額の払い戻しを受けることができる。

（役員）
第17条　この業務を執行するため、次の役員をおく。
　　　　理事　　○名（うち理事長○名）
　　　　監事　　○名
　　　　2．前項の役員は、会員総会において会員のなかから選任し、理事長は、理事の中から互選によって選任する。
　　　　3．役員の任期は○年とし、重任を妨げない。
　　　　ただし、任期満了後といえども、後任者が選任されるまでは、その職務を執行するものとする。
　　　　4．理事長は、会を代表するものとする。ただし、理事長に事故あるときは、他の理事がこれにかわる。
　　　　5,監事は、会の会計を監査しその結果を定時会員総会に報告するものとする。

（理事会）
第18条　理事長は毎年月○に定例理事会を招集し、必要あるときは、臨時に理事会を召集する。
　　　　2．理事会は理事の過半数の出席によって成立し、その過半数の賛成により議決する。

（会員総会）
第19条　規約の改正その他重要事項の決議および役員の選任のため、毎年○月に定例会員総会を開催する。ただし必要に応じて臨時会員総会を開催することができる。
　　　　2．会員総会は理事長が招集する。
　　　　3．会員総会の議決は、出席会員の過半数をもって行う。ただし、会員は書

面をもって議決権の行使を委任することができる。

4. 会員は1個の議決権を有する。

(会員への報告)

第20条　理事長は、毎年〇月〇日から〇月〇日までを計算期間とした決算報告書を定時会員総会で報告する。

2. 各会員には上記期間内の個人別計算書を作成し送付するものとする。

(通知)

第21条　この会の通知は、原則として社内報または社内掲示板によって行う。

(会の所在地)

第22条　この会の所在地は 東京都〇〇　●●株式会社本社内とする。

付　則　この規約は平成〇年〇月〇日から実施する。

第3章　事業承継対策提案で参考となる基本情報

57 持株会社設立スケジュール

持株会社を設立する場合のスケジュールは以下のとおりです（日付は会社設立日を4月1日とする場合の目安です）。

日程	手続	必要書類	備考
登記申請の2週間程度前より準備	発起人会の開催 発起人決定書または発起人会議事録の作成		法人の基本事項を決定 補足1、補足4参照（次頁）
	商号調査の実施		法務局 補足2参照（次頁）
	会社代表者印の作成		
	定款（※1）の作成		絶対的・相対的・任意的記載事項 補足3参照（次頁）
	定款認証	発起人及び役員の印鑑証明書（※2）	公証役場
3/31まで	いずれかの発起人の口座へ出資金の払込み		
	出資金の払込みを証する書面（※3）の作成 資本金の額の計上に関する証明書（※4）の作成		
	就任承諾書（※5）の作成	役員全員の印鑑証明書（※6）	
	設立登記申請書（※7）の作成		
	調査報告書 財産引継書の作成		現物出資による会社設立を行った場合等
4/1	法人設立登記の申請	（※1）〜（※7）の書類	法務局
4/8〜15	書類の取得 登記事項証明書 印鑑証明書（法人）		法務局 ※登記申請後登記完了まで、1〜2週間
上記以降	法人設立の届出	各種書類 補足5参照（次々頁）	税務署、県税事務所、役場年金事務所 公共職業安定所　等

＜補足＞

１．発起人会

　発起人会とは発起人が集い、どのような会社にするのかを話し合い決定する会をいい、①商号、②目的、③発起人総代、④各発起人の引き受け株式数、⑤払込金融機関等、会社の基本事項について決定します。

２．類似商号

　新規に設立する会社であっても同一商号、同一住所の会社は登記できません。

　また、誤認を誘発するような不正目的と認められる商号設定については損害賠償などに発展するおそれもあるため、類似商号の調査が必要となります。

３．定款

　定款への記載事項は大きく３つに分けられ、それぞれの記載事項について主たるものは以下のとおりです。

①絶対的記載事項
　・商号及び目的
　・本店の所在地・設立時の出資額
　・発起人の氏名、住所、引受株数
　・発行可能株式総数

②相対的記載事項
　・株式の譲渡制限
　・公告の方法
　・株券の発行
　・株主総会、取締役会等の機関設置

③任意的記載事項
　・取締役、監査役の人数
　・事業年度
　・定時株主総会の招集時期

４．機関設計及び任期

　会社の意思決定機関には株主総会、取締役会があります。株主総会とは、決算承認や重要事項決議などを行う株式会社の最高意思決定機関であり、取締役会とは、会社意思決定のほか代表取締役の選任などを行います。

　また、株式譲渡制限会社は、取締役会と監査役を非設置とすることができますが、その

第3章　事業承継対策提案で参考となる基本情報

場合、全ての意思決定は株主総会が行い、役員相互で業務の監視を行うこととなります。

　取締役の任期は2年、監査役の任期は4年ですが、株式譲渡制限会社はそれぞれ10年まで任期の延長が可能です。

5．法人設立に関する主な届出

①税務関係

- ・法人設立届出書
- ・給与支払事務所等の開設届出書
- ・青色申告の承認申請書
- ・源泉所得税の納期の特例の承認申請書

②労働保険関係

- ・適用事業所設置届
- ・被保険者資格取得届

③社会保険関係

- ・新規適用届
- ・被保険者資格取得届

コラム　事業承継ネットワーク

- ●事業承継に向けた気付きの機会を提供し、その準備を促すことを目的に、2017年度から、都道府県単位で、商工会・商工会議所、金融機関等の身近な支援機関から構成される「事業承継ネットワーク」を構築する事業が開始されています。
- ●「事業承継診断」等を通じた「プッシュ型」の情報提供を行い、事業引継ぎ支援センターやよろず支援拠点等の各種専門支援機関に繋いで、企業の課題に応じた支援を実施しています。

＜構成メンバーのイメージ＞

事業承継ネットワーク

事務局：県振興センター等

都道府県、市区町村
地域の事業承継支援策の立案・とりまとめ

金融機関、商工会・商工会議所、中央会、顧問先を有する士業等専門家等
事業承継診断等を実施

中小機構地域本部 診断の方法等、支援機関への研修等を実施	**事業引継ぎ支援センター** M&A案件をフォローして支援	**ミラサポ等の士業等専門家** 専門的課題を伴う案件への対応等
経済産業局・財務局 施策情報の提供等	**信用保証協会** 連携して金融支援	**よろず支援拠点・再生支援協議会等** 連携して再生支援

中小企業

＜事業承継ネットワーク地域事務局[※]＞

都道府県	採択事業者	都道府県	採択事業者
岩手県	盛岡商工会議所	宮城県	みやぎ産業振興機構
栃木県	宇都宮商工会議所	群馬県	群馬県産業支援機構
千葉県	千葉県産業振興センター	神奈川県	神奈川県産業振興センター
静岡県	静岡商工会議所	愛知県	あいち産業振興機構
岐阜県	岐阜県産業経済振興センター	三重県	三重県産業支援センター
石川県	石川産業創出支援機構	福井県	ふくい産業支援センター
広島県	広島商工会議所	山口県	やまぐち産業振興財団
徳島県	徳島商工会議所	香川県	かがわ産業支援財団
愛媛県	えひめ産業振興財団	熊本県	熊本商工会議所
大分県	大分県商工会連合会		

※2017年度

第3章　事業承継対策提案で参考となる基本情報

58 株式譲渡・贈与スケジュール

　株式譲渡・贈与に関するスケジュール例は次頁のようになりますが、簡潔に留意点をまとめると以下のとおりになります。

1．株式譲渡・贈与承認請求

　一般的な中小企業においては、自社の株主として不適切な者が株主になることを防止するために、「当会社の株式を譲渡により取得するには当会社の承認を要する」旨の定款の定めを置いています。そのため、株式を譲渡・贈与しようとする者は、会社に対して承認してもらうよう請求する必要があります（会社法136条）。株式の譲渡・贈与承認請求は、譲渡人、譲受人いずれからも行うことができ、譲渡・贈与しようとする株式数、譲受人氏名等を記載して行います。

2．株式発行会社による譲渡・贈与承認

　承認機関は、取締役会設置会社においては取締役会、取締役会非設置会社においては株主総会であることが原則ですが、定款において別段の定めをすることも可能です（会社法139条1項）。

　株式発行会社は譲渡・贈与承認の決定後、2週間以内に譲渡・贈与承認請求者に対して通知を行う必要があります（同法139条2項）。株式発行会社は譲渡・贈与を承認しないこともでき、その場合、会社自身が買い取る、もしくは別の買取人を指定することができます（同法140条）。

3．株主による名義書換請求

　株式譲渡・贈与は、当事者間で譲渡・贈与契約を締結した段階で有効に成立しますが、譲渡・贈与を第三者に対抗（主張）するためには株主名簿の名義書換が必要となります（会社法130条）。そのため、譲渡・贈与当事者は株式発行会社に対して、名義書換請求をすることができます（同法133条）。

4．株式発行会社による名義書換

　株主による名義書換請求がなされた場合、株式発行会社は譲渡・贈与承認請求とは異なり、請求を否認することができません。

5．株主名簿記載事項証明書の交付請求

　株式は無形の財産ですので、株主であることの証明として株主名簿記載事項証明書を用

146

いることが有効です。そのため、株式発行会社に対して株主名簿記載事項証明書の交付請求をすることができます（会社法122条）。

株式譲渡・贈与スケジュール例は以下のとおりです（取締役会設置会社かつ譲渡承認機関が取締役会の場合。譲渡・贈与日を10月1日とします）。

日　　程	法定必要日数	必要手続き （譲渡当事者）	必要手続き （株式発行会社）	備考（作成書類）
9月16日		株式発行会社に対して株式譲渡・贈与承認請求を行う		株式譲渡・贈与承認請求書
9月18日	取締役会の開催日の1週間前までに各取締役及び監査役に対して招集通知を出す		臨時取締役会を招集するべく、各取締役及び監査役に対して招集通知を出す	臨時取締役会招集通知
9月26日			臨時取締役会を開催して、株式譲渡・贈与を承認する	臨時取締役会議事録
9月28日	譲渡・贈与承認請求のあった日から2週間以内に結果を通知する必要がある		株式譲渡人に対して株式譲渡・贈与を承認した旨の通知をする	株式譲渡・贈与承認通知
10月1日		株式譲渡・贈与契約を締結する		株式譲渡・贈与契約書
10月2日		株式発行会社に対して譲渡当事者が共同で株主名簿名義書換請求を行う		株主名簿名義書換請求書
10月5日			株主名簿の名義書換を行う	株主名簿
10月6日		譲受人が株主名簿記載事項証明書の交付を請求する		株主名簿記載事項証明書交付請求書
10月9日			譲受人に対して株主名簿記載事項証明書を交付する	株主名簿記載事項証明書

第3章　事業承継対策提案で参考となる基本情報

59 合併スケジュール

合併に関するスケジュール例は次頁のようになりますが、簡潔に留意点をまとめると以下のとおりになります。

１．取締役会の開催

合併契約の締結（会社法748条）及び株主総会の招集に関して、取締役会設置会社では取締役会による決議が必要です。合併契約書の記載事項としては、存続会社及び消滅会社の商号及び住所（会社法749条1項1号）、効力発生日（同法749条1項6号）等があります。

２．事前開示書面の備置

備置開始日から合併効力発生日後6カ月を経過する日まで、一定の事項を記載した書面もしくは電磁的記録を本店に備置かなければなりません（会社法794条1項）。

３．株主総会の開催

会社が合併するにあたっては、効力発生日の前日までに、株主総会の決議によって、吸収合併契約等の承認を受けなければなりません（会社法783条）。決議については、原則として特別決議が必要になります（同法309条2項12号）。

４．反対株主の株式買取請求

合併に反対する株主は、会社に対して自己の有する株式を買い取ることを請求することができます（会社法785条1項、797条1項）。合併の効力発生日の20日前から前日まで（新設合併等の場合には、通知・公告から20日以内）の間に株式買取請求をする必要があります（同法785条5項）。

５．債権者保護手続

合併を行う場合、存続会社及び消滅会社のそれぞれすべての債権者に対して債権者保護手続を行う必要があります。原則として、官報公告、知れたる債権者への個別催告の両手続きが必要とされます（会社法789条）。

６．事後開示書面の備置

合併の効力発生後、存続会社は一定の事項を記載した書面または電磁的記録を6カ月間、本店に備置く必要があります（会社法801条1項、同法施行規則200条）。これは合併当事会社に対して合併無効の訴え（同法828条1項7号）の提起の機会を与えるためです。

148

7．登記

　会社が吸収合併をしたときは、効力発生日から2週間以内に登記をしなければなりません（会社法921条）。

　合併スケジュール例は以下のとおりです（効力発生日を10月1日とします）。

日　　程	法定必要日数	必要手続き （存続会社・消滅会社）	備考
8月14日		取締役会の開催 ・合併契約の締結 ・株主総会の招集	
8月22日		決算公告の掲載	
8月28日	催告及び公示の日から1カ月間が債権者の異議申述期間となる	合併公告の掲載および知れたる債権者への催告書の送付	※官報への掲載の他、知れたる債権者に対しては、各別の催告書を送付する必要があります。
8月28日	※株主総会開催の2週間前から合併の日後6カ月間（消滅会社については合併の日まで）	合併事前開示書面の備置	※それぞれの本店所在地に合併契約等の書面を備置く必要があります。
9月5日	株主総会開催の1週間前までに（公開会社は2週間前までに） ※反対株主の通知は効力発生日の20日前までに	株主総会招集通知の送付（反対株主への通知も兼ねる）	※株主総会の開催日までに合併に反対し、かつ株式会社で決議に反対した株主は会社に対して株式の買取を請求することが可能です。
9月13日		臨時株主総会の開催 ・合併契約の承認	※通常は特別決議になります。
9月28日		債権者の異議申述期間満了	
9月30日		反対株主の株式買取請求期間満了	
10月1日		効力発生日	
10月1日	合併の日から6カ月間	合併事後開示書面の備置	※会社の本店所在場所において合併手続きの経過、消滅会社の事前開示書面に関する事項等を備置く必要があります。
10月2日以降		登記	

＜編著者紹介＞

辻・本郷税理士法人

2002年4月設立。東京新宿に本社を置き、国内61拠点、国外6拠点を展開する、国内最大規模を誇る税理士法人。全スタッフ数1,130名（グループ全体1,400名）、うち公認会計士・税理士（有資格者含む）が約260名（グループ会社含む）（2018年1月5日現在）。

税務顧問業務、税務コンサルティング、税務セカンドオピニオン、国際税務、移転価格コンサルティング、相続・事業承継コンサルティング、事業再編、企業再生・M＆Aコンサルティング、アウトソーシングサービス、公会計コンサルティング、医療コンサルティング、公益法人コンサルティング、社会福祉法人コンサルティングなど、各税務分野別に専門特化したプロフェッショナル集団。弁護士、司法書士、不動産鑑定士との連携により顧客の立場に立った最高水準のサービスとあらゆるニーズに応える総合力に定評がある。

＜執筆者一覧＞

（専務執行理事）	楮原　達也		（部長）	長谷川智史
（統括部長）	内田　大輔		（部長）	真境名元樹
（統括部長）	渡邉　和彦		（課長）	田崎　舞
（統括部長）	須田　博行		（課長）	小山　陽平
（部長）	山田　瞳		（課長）	足立　賢亮
（部長）	新見　拓也		（課長）	水田　裕美
（部長）	小湊　高徳			園　和弥
（部長）	白井　僚			大島　直樹
（部長）	関口　恒司			月﨑　真志
（部長）	夏賀　弘次			代　晶
（部長）	古澤　孝祐			鈴木　史子

事業承継対策提案シート集

2018年5月21日初版発行
　　1刷　2018年5月21日
　　2刷　2018年7月31日

著　　者　　辻・本郷税理士法人

発 行 者　　星野　広友

株式会社銀行研修社

東京都豊島区北大塚3丁目10番5号

電話東京 03（3949）4101 （代表）

振替　00120-4-8604 郵便番号 170-8460

印刷／神谷印刷株式会社　　　　ISBN978-4-7657-4573-4 C2033
製本／常川製本
落丁・乱丁本はおとりかえ致します。
2018 ⓒ辻・本郷税理士法人　Printed in Japan
★定価は表紙に表示してあります。

銀行研修社の好評図書ご案内

第二版 融資業務超入門

久田 友彦 著

A 5 判・並製・276頁
定価：2,095円＋税
ISBN978-4-7657-4268-9

本書は融資業務の最も重要な点を、最も平易に解説した、まさしく"超"入門書です。融資・渉外の初心者はもちろん、役席・中堅クラスには指導手引書として欠かせない1冊です。

第二版 中小企業財務の見方超入門

久田 友彦 著

A 5 判・並製・278 頁
定価：2,000円＋税
ISBN978-4-7657-4240-5

本書は金融機関の渉外担当者が"まず、知っておかなければならない"中小企業の財務の見方のノウハウを示した基本書です。

第三版 融資業務180基礎知識

融資業務研究会 編

A 5 判・並製・352頁
定価：2,300円＋税
ISBN978-4-7657-4339-6

本書は、融資業務の遂行にあたって必要な必須知識を融資の5原則から与信判断、貸付実行、事後管理に至るまで体系的にまとめ、渉外・融資担当者が必要なときに即検索できるよう項目ごとに編集しました。特に初めて融資業務に携わる方には必携といえる1冊です。

融資担当者のキャリアアップのための 融資審査演習教本

石原 泰弘 編著

B 5 判・並製・232 頁
定価：2,300 円＋税
ISBN978-4-7657-4330-3

本書は、融資申込から与信判断までの事例を取り上げ、実践的な審査の応用力を身に付けることができます。融資担当者、役席者の融資判断パワーアップ養成に最適な書です。

第二版 最新 図版・イラストでみる決算書分析 ABC

新日本監査法人 著

A 5 判・並製・304 頁
定価：2,095 円＋税
ISBN978-4-7657-4237-5

決算書の勘定科目数字は企業の財務状況のほか、企業自体の業況を表しています。本書は、決算書がまったくわからない初心者にもすぐ活用できるように、100 の勘定科目のしくみと見方を解説し、決算書分析の勘どころをまとめました。

第二版 最新 図版・イラストでみる財務分析 ABC

和井内 清 著／山坂 サダオ 絵

A 5 判・並製・304 頁
定価：2,000 円＋税
ISBN978-4-7657-4120-6

与信判断に欠かせない財務分析の比率や算式を体系的に学習できるよう構成した基本書です。「最新版」への改訂では、企業の実態判断をする際に特に重要になっている「キャッシュフロー分析」に関する財務諸表につき新章を設けて詳しく解説しました。これからの財務分析能力習得のための決定版として、お勧めいたします。

第二版 図解 超わかるキャッシュフロー

都井 清史 著

A 5 判・並製・224頁
定価：1,900 円＋税
ISBN978-4-7657-4310-5

本書は、初版同様、図表をふんだんに用い、キャッシュ・フローをはじめて学ぶ人を対象にわかりやすくまとめた、格好の入門書です。

融資渉外に強くなる法律知識

大平 正 編著

A 5 判・並製・320頁
定価：2,300円＋税
ISBN978-4-7657-4380-8

融資を増やし、融資後の債権管理を的確に行うには、融資に関する法律知識を習得することが必須です。本書は、取引先から信頼される担当者となるために必要な法律知識を、簡単に検索できるよう項目別に整理しやすしく解説した、融資渉外担当者の基本必携書です。

▶最寄の書店で品切れの際は、小社へ直接お申込ください。